Alexandre Lebreton

FRANC-MAÇONNERIE & SCHIZOPHRÉNIE

Comprendre les arcanes du pouvoir

ⓞMNIA VERITAS.

Alexandre Lebreton

FRANC-MAÇONNERIE & SCHIZOPHRÉNIE
Comprendre les arcanes du pouvoir

© Omnia Veritas Ltd – Alexandre Lebreton – 2020

𝒪MNIA VERITAS®

www.omnia-veritas.com

« *Le 18ème siècle n'est pas seulement le siècle des Lumières, c'est aussi le siècle des sociétés secrètes, et l'essentiel des contributions à la recherche sur les Mystères provient de francs-maçons. Ces derniers voyaient dans les Mystères Égyptiens un modèle : la façon dont une élite éclairée, protégée par le secret, pouvait servir et transmettre une vérité inconcevable ou dangereuse pour le peuple.* »

Jan Assmann - Auditorium du Louvre (07/05/2009)

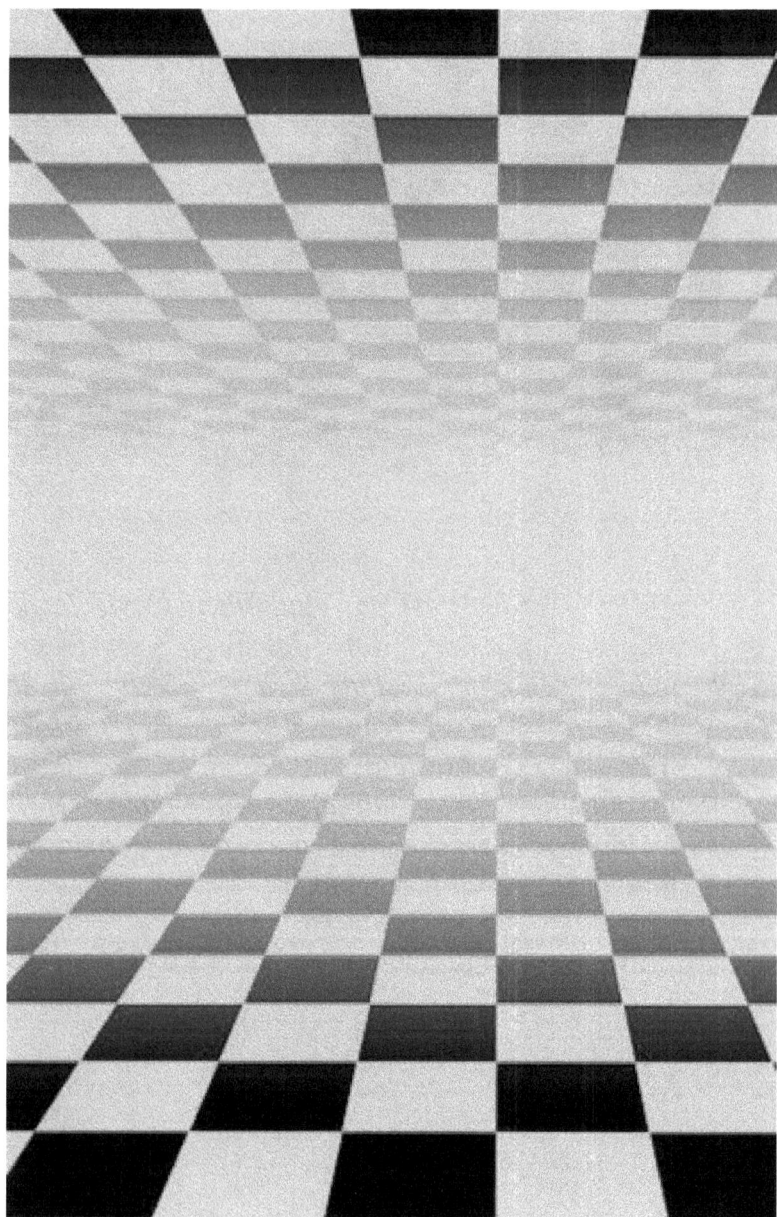

Introduction et avertissement

C e document contient de graves allégations concernant des francs-maçons, cela reste des présomptions reposant sur des témoignages n'ayant pas fait l'objet d'enquêtes judiciaires. Il n'est pas question ici d'accuser globalement toute la Franc-maçonnerie de perpétrer des rituels sadiques et violents, il est probable que certains maçons opèrent sans le consentement de la majorité des membres de la loge. **Le culte du secret sur lequel repose la Franc-maçonnerie pose un problème, voire un danger pour elle-même, car il lui est impossible de certifier que ce genre de pratiques rituelles « pédo-sataniques » n'existent pas dans certaines arrières Loges.** Le cloisonnement strict de cette hiérarchie pyramidale fait que les initiés progressent « à l'aveugle » dans cette vaste secte et ses diverses ramifications. Certains témoignages contenus dans ce document sont particulièrement difficiles et peuvent heurter les plus sensibles. Il n'est pas question ici de faire du voyeurisme malsain, mais d'exposer des actes criminels, qui faute d'être mis à la lumière de la Justice, se perpétuent encore et encore dans l'ombre.

Il est recommandé au lecteur ou lectrice de faire abstraction des idées reçues en matière de critique négative de la Franc-maçonnerie. En effet, le fait de désapprouver cette dernière est généralement considéré comme de *l'anti-maçonnisme* relevant de *l'extrême droite*, voire même du nazisme... Or, n'importe quel individu de bonne foi et non acoquiné à la loge (qu'il soit politisé ou totalement apolitique) étudiant sérieusement la question Maçonnique, au-delà des dossiers marronniers aseptisés de la grande presse, en arrive inévitablement à remettre en question la légitimité de ces groupes occultes. Notamment leur forte présence au sein des institutions publiques telles que la magistrature et les forces de l'ordre, pouvant créer de fait une forme de *conflit d'intérêts* lorsqu'un juge ou gradé de police ayant prêté serment maçonnique, fait passer ce dernier avant le serment digne et loyal de sa profession... Ceci à l'avantage de ses *Frères* de loge et au détriment du profane.

Nous allons ici nous intéresser à l'aspect « double » de la Franc-maçonnerie, une fraternité invisible imbriquée dans la loge *humaniste* visible servant de vitrine : toutes deux interdépendantes. Mais aussi aux origines lointaines de cette société secrète, remontant aux religions à Mystères et aux pratiques païennes. L'étude de ses racines liées au paganisme antique nous amènera sur la voie de ce que l'on appelle le « pédo-satanisme », semblant être considéré par certains groupes occultes comme une forme d'initiation des plus jeunes. Nous passerons alors en revue un certain nombre de témoignages quand à ce qui peut s'apparenter à des *sévices rituels Maçonniques* entraînant des états dissociatifs ou *double personnalité* : clé du contrôle mental basé sur les traumatismes. Enfin, nous verrons comment la Franc-maçonnerie s'intéresse elle-même de très près à la « schizophrénie »...

Pour étudier et comprendre plus en profondeur ces sombres arcanes, se référer à l'ouvrage de 700 pages « *MK : Abus Rituels et Contrôle Mental - Outils de domination de la religion sans nom* »

La Dualité dans la Franc-maçonnerie

L e mot Schizophrénie provient du grec *schizein* (fendre) et *phrên* (esprit), il se traduit littéralement par « *esprit fendu* », la fragmentation de l'esprit, la dualité. Plusieurs choses permettent de relier la Franc-maçonnerie à la schizophrénie et à la notion de dualité, à commencer par le symbole fort des loges : le pavé mosaïque en carreaux noirs et blancs, sur lequel les initiés prêtent serment : le choc des contraires, le multiple et l'Un, le bien et le mal interpénétrés et inséparables…

La Franc-maçonnerie est double, elle possède deux natures en une seule. Les francs-maçons le disent eux-mêmes, tout ce qu'ils accomplissent en loge possède un double sens. Les rituels ont une signification autre que celle qu'ils auraient dans le monde profane (le monde des non-initiés). Le « Vénérable Maître » frappe un coup de maillet en début de tenue de loge et déclare : « *Nous ne sommes plus dans le monde profane* », sous-entendu nous sommes maintenant dans un monde sacré. Le « Vénérable Maître » pense ainsi sanctifier l'espace et le temps. En loge, le sens profond des actes et des paroles est caché, tout est différent, tout est fractionné et les mots n'ont plus le même sens, même les âges, les heures et les dates diffèrent. Les individus fraîchement initiés ne peuvent percevoir et comprendre la nature profonde du culte auquel ils ont déjà pourtant prêté serment et allégeance…

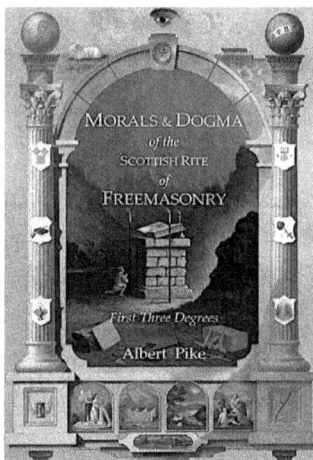

Concernant ce secret maçonnique (véritable millefeuille) contenu dans un double langage symbolique que le jeune « frère » initié ne peut comprendre, le célèbre maçon Albert Pike écrit dans « Morals and Dogma » :

« *Comme toutes les Religions, tous les Mystères, l'Hermétisme et l'Alchimie, la Franc-maçonnerie ne révèle ses secrets à personne, sinon aux Adeptes, aux Sages et aux Élus. Elle a recours à de fausses explications pour interpréter ses symboles, pour induire en erreur ceux qui méritent d'être induits en erreur, pour leur cacher la Vérité, qu'elle appelle la Lumière, et ainsi les en écarter. La Franc-maçonnerie cache jalousement ses secrets, et induit intentionnellement en erreur ses interprètes prétentieux.* » (« *Morale et Dogmes* », Tome 1, Albert Pike, p.104)

Attardons-nous sur l'aspect double de la secte maçonnique, et comme nous le verrons par la suite un aspect schizophrénique à la **Dr. Jekyll et Mr. Hyde**…

Le célèbre franc-maçon Albert Mackey a affirmé que la Franc-maçonnerie moderne est le résultat d'une fusion entre une forme de Maçonnerie « *corrompue et noire* » pratiquant **les rituels initiatiques traumatiques issus des pratiques antiques païennes** ; et une forme « *pure* » qui impliquait la croyance en un Dieu unique et dans l'immortalité de l'âme. **Il affirme que cela confère à cette institution secrète un côté à la fois lumineux et à la fois obscur. Il définit ce côté obscur, cette forme de Maçonnerie «** *parasitée* **», comme une sorte de Maçonnerie noire aux pratiques initiatiques terrifiantes et traumatisantes, qui utilise la représentation symbolique de la descente mythique dans l'Hadès, la tombe ou l'enfer, pour ensuite revenir à la lumière du jour : la renaissance initiatique - L'expérience de mort imminente avec une sortie astrale étant l'ultime rituel initiatique : la résurrection.** (« *The Symbolism of Freemasonry : Illustrating and Explaining its Science and Philosophy, its Legends, Myths and Symbols* » - Mackey, Albert G, 1955)

Il existe dans la Franc-maçonnerie deux faces dont l'une ignore l'existence de l'autre, ce qui peut être traduit par *les gentils ne connaissent pas les méchants, mais les méchants connaissent les gentils*. Un schéma que l'on retrouve dans un système interne de trouble dissociatif de l'identité[1] lorsque la personnalité alter « méchante » (Mr. Hyde) a parfaitement connaissance de l'existence de la personnalité alter « gentille » (Dr. Jekyll) tandis que celle-ci est totalement amnésique concernant les faits et gestes de la première… La personnalité alter « gentille » étant la façade publique, visible et bienveillante, le sommet éclairé d'un iceberg contenant tout un monde intérieur occulte, invisible…

Un schéma qui est donc transposable à la Franc-maçonnerie et à son organisation hiérarchique et sélective très particulière, où paradoxalement, le sommet - de la pyramide - *éclairé* ou *illuminé* est l'aspect le plus occulte et invisible, dont l'accès est restreint à une minorité (Haute-Maçonnerie *illuminati*).

---

[1] http://mk-polis2.eklablog.com/le-trouble-dissociatif-de-l-identite-tdi-trouble-de-la-personnalite-mu-p634661

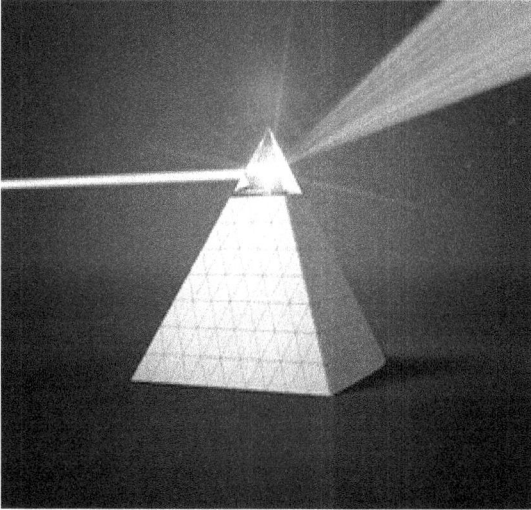

L'auteur franc-maçon Manly P. Hall a clairement décrit ces deux aspects bien distincts de l'organisation maçonnique : « *La Franc-maçonnerie est une fraternité cachée dans une autre fraternité : une organisation visible cachant une fraternité invisible des élus... Il est nécessaire d'établir l'existence de ces deux ordres séparés et pourtant interdépendants, l'un visible, et l'autre invisible.* L'organisation visible est une splendide camaraderie composée « d'hommes libres et égaux », qui se consacrent à des projets éthiques, éducationnels, fraternels, patriotiques et humanitaires. *L'organisation invisible est une fraternité secrète, des plus augustes, majestueuse de dignité et de grandeur, dont les membres sont consacrés au service d'un mystérieux « Arcanum arcandrum », c'est-à-dire d'un mystère caché.* »* (« Conférences sur la Philosophie antique », Manly P. Hall, p.433)

La Franc-maçonnerie n'est pas une société secrète « monobloc » mais une superposition de sociétés secrètes imbriquées les unes dans les autres. C'est une sorte de *poupée russe* initiatique, pyramidale, où diverses écoles à mystères se chevauchent, les unes ouvrant les portes vers les autres dans un processus initiatique très sélectif... L'ex franc-maçon Olivier Roney, auteur du livre « *Gustave Flaubert et le Grand-Orient de*

France » cite par exemple l'église Gnostique au sein même du Grand Orient de France, des mouvements Martinistes mais aussi des écoles alchimiques, etc. Sachant bien que ces groupes Maçonniques pratiquent activement l'occultisme le plus avancé, tandis que les loges des premiers grades ignorent totalement l'existence de ces écoles ésotériques : tout est ultra cloisonné et ultra sélectif.

La Franc-maçonnerie ne cesse de proclamer publiquement qu'elle est non pas secrète, mais « *discrète »*, par d'incessantes campagnes de communication visant les profanes. Il s'agit là d'amadouer l'opinion publique afin d'écarter la notion de Secret, synonyme d'obscurité, pouvant nuire à l'image des loges... et pourtant... le **Secret** est bien le cœur du système Maçonnique : preuve en est que l'initié des premiers grades n'a absolument aucune idée de ce que lui réserveront les grades supérieurs en matière de rituels initiatiques, il progresse à l'aveugle dans son ascension Maçonnique vers la *lumière*, car il est strictement interdit aux francs-maçons de révéler quoi que ce soit des grades supérieurs à un initié des grades inférieurs. Le simple fait qu'il existe des « *Petits Mystères* » accessibles aux trois premiers grades (loges bleues) et des « *Grands Mystères* » réservés aux grades supérieurs, selon l'égyptologue FM Johann Christoph Assmann, prouve que cette secte initiatique est clairement une société *SECRÈTE* et non pas *DISCRÈTE* comme ils aimeraient le faire croire... même en multipliant les « journées portes ouvertes » pour les profanes **à qui l'on montre alors le décor matériel du temple**... **L'envers du décor spirituel restera toujours strictement Secret**.

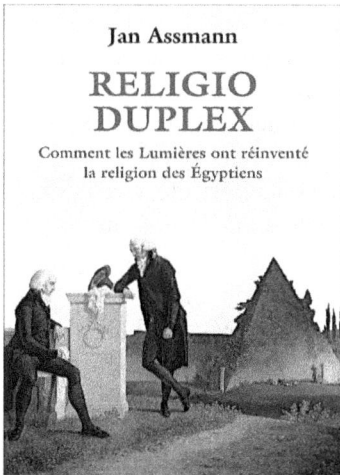

Jan Assmann

RELIGIO DUPLEX

Comment les Lumières ont réinventé la religion des Égyptiens

Assmann qui a étudié les cultes antiques dits à *Mystères*, notamment Égyptiens, parle d'une ***Religio Duplex*** (religion double). **Il confirme cette notion de dualité et de secret en décrivant une religion à deux visages : la face exotérique destinée à la masse non initiée (la vitrine) et la face ésotérique (les Mystères) destinée aux élites, c'est-à-dire une spiritualité cachée devant être pratiquée et transmise secrètement.** Cette forme de « religion double » applique les notions de double langage ou double sens des signes et symboles, trompant le profane non apte à accéder aux Grands Mystères. C'est ce qu'évoque Albert Pike lorsqu'il écrit : « *Elle a recours à de fausses explications pour interpréter ses symboles, pour induire en erreur ceux qui méritent d'être induits en erreur, pour leur cacher la Vérité* ». Ces cultes « à double fond » préservent ainsi une Gnose uniquement accessible aux *Élus*… Il s'agit de la fraternité cachée décrite plus haut par Manly P. Hall et de son « *Arcanum arcandrum* ».

Comprenez que les « *Mystères* » cachés ne peuvent être révélés d'emblée aux jeunes initiés, qui fuiraient alors la secte et ses doctrines en courant. Qui dit « secret », dit quelque part « inavouable »… Par exemple le **Phallisme** ou **culte du phallus**, décrit en détails par le franc-maçon Jacques-Antoine Dulaure et sur lequel nous reviendrons plus loin, n'est pas recevable d'emblée pour le quidam venant de se faire introniser en loge. Ces Mystères sont infusés petit à petit dans l'âme du prétendant à *l'illumination*, une infusion Maçonnique faisant au fur et à mesure le tri dans les âmes aptes à accéder (et assumer) à la réalité luciférienne de leurs loges. Le lecteur qui pourrait ici être choqué par l'association de la loge au luciférisme, constatera que le dossier qu'il a entre les mains étaye au fur et à mesure cette affirmation…

Citons ici le haut initié franc-maçon Manly Palmer Hall : « *Quand un Maçon apprend que la signification du guerrier sur la planche représente en fait une dynamo dégageant une puissance vivante, il découvre alors le mystère de sa noble profession.* **Les énergies bouillonnantes de Lucifer sont dans ses mains. Avant qu'il puisse commencer à avancer et à s'élever, il doit prouver qu'il est capable d'utiliser correctement ces énergies** (...) **L'homme est un dieu en fabrication**, *et tout comme dans les mythes mystiques d'Égypte avec la roue du potier, il doit être façonné.* » (« The Lost Keys To Freemasonry » - Manly P. Hall, 1976, p.48)

L'idole cornue du Baphomet chère aux satanistes

L'ex franc-maçon Serge Abad-Gallardo, auteur du livre « *Je servais Lucifer sans le savoir* » a déclaré que *la plupart des francs-maçons entrent en Franc-maçonnerie bien entendu pas pour adorer Lucifer... bien qu'au 29ème degré il existe une* *adoration de Baphomet, ou plus exactement **une génuflexion devant Baphomet**.* (Radio Notre Dame - 01/03/2019)

Notons également la grande schizophrénie spirituelle de la Franc-maçonnerie. Une situation extrêmement paradoxale où elle prône d'un côté la laïcité voire même l'athéisme et le matérialisme dans le monde profane, et d'un autre côté pratique elle-même dans ses coulisses l'occultisme le plus avancé… La Franc-maçonnerie déclare publiquement que « toute religion est aliénante », mais fonctionne elle-même avec des rites, des rituels, des cérémonies, une croyance commune notamment dans le GADLU (Grand Architecte de l'Univers). Elle a ses « adeptes »… n'est-elle pas une religion ? **C'est la religion de la république selon les propres termes du franc-maçon Oswald Wirth…**

Cecilia Gatto Trocchi, professeur d'anthropologie à la Faculté des sciences politiques de l'Université de Pérouse et initiée en loge Maçonnique, a déclaré sur un plateau de télévision italien : *« Lorsque j'ai étudié l'ésotérisme et l'occultisme, le satanisme, les messes noires, etc, je me suis dit qu'il y avait là quelque chose d'énorme… **J'ai découvert que c'est en fait un long courant de personnes étant passées du marxisme à l'ésotérisme, d'une vision positiviste et matérialiste de la vie, à une vision spiritualiste et énergétique. Cela en cherchant à invoquer les*** *forces du mal pour obtenir plus de pouvoirs, de connaissances et donc d'influence sur le monde (…) Il y a eu un transfert de la laïcité matérialiste vers un monde ésotérique et gnostique générant l'occultisme. Le Pacte avec le Diable est présent dans la Franc-maçonnerie déviante qui dédouane Satan. Dans la loge à laquelle j'appartenais, une loge mixte, on y trouvait le poème « L'Hymne à Satan » de Carducci. Ces gens-là pensent que Satan/Lucifer a fait une grande faveur aux humains en leur donnant le fruit de la connaissance, c'est-à-dire que le diable est ainsi dédouané et considéré comme un grand allié de l'humanité. »* (Enigma, Rai 3 - 27/02/2004)

Comme noté plus haut, Albert Mackey affirme que la Franc-maçonnerie a à la fois un aspect lumineux et un aspect obscur. **Elle prend racine, entre autres, dans le Gnosticisme où nous retrouvons cette notion de « Lumière » versus « Obscurité », une chose essentielle dans la théologie gnostique.** Certains survivants d'abus rituels et de contrôle mental rapportent bien comment les agresseurs ont volontairement cultivé chez eux ce fractionnement - ou dualité - avec une partie de leur personnalité du *côté de la lumière* (en assistant par exemple aux messes chrétiennes) tandis qu'une autre partie de leur personnalité subi et participe aux pratiques rituelles malsaines et traumatiques du *côté de l'obscurité - **Dr Jekyll & Mr Hyde***

Le relativisme cher aux francs-maçons, typiquement Gnostique, permet d'effacer toute notion de Bien et de Mal. **Il s'agit du principe Maçonnique de combinaison ou « synthèse des opposés », dont le symbole ultime est la pavé mosaïque noir et blanc placé au cœur de la loge et des rituels initiatiques.**

Les pratiques ignobles, que nous allons aborder plus loin dans les témoignages, ne sont qu'une forme de dépassement du bien et du mal, conférant à ces *initiés* une sorte de sentiment de supériorité sur la masse. Les rituels violents et parfois meurtriers ainsi que la débauche sexuelle extrême de ces sectes sont à relier aux notions de transgression, d'excès en tout genre et de violation de la morale sociale. Ces rituels sont vus comme le moyen ultime de surpasser la condition humaine et l'ordre social pour accéder à une sorte de transcendance de l'humain, d'autant plus lorsque cela s'accompagne d'états altérés de conscience dus aux drogues et aux états dissociatifs.

Philanthropie VS Psychopathie ?

N ous constatons que la Franc-maçonnerie possède une face pouvant être qualifiée de « lumineuse », celle qu'elle aime mettre en avant dans le domaine public et profane : son grand « *Humanisme* » et sa très généreuse « *Fraternité* ».

En effet, la philanthropie (culturelle, scientifique et humanitaire) est un des grands piliers de la secte Maçonnique, c'est la Franc-maçonnerie sous ses plus beaux apparats, tandis que paradoxalement les affaires crapuleuses, voire criminelles, sont pléthores chez les francs-maçons...

Les hautes sphères Maçonniques sont fondamentalement dualistes. Ces individus s'efforcent d'équilibrer leurs mauvaises œuvres par des bonnes œuvres. Les plus grands philanthropes étant bien souvent des lucifériens du plus haut rang, leur « générosité » servant leurs propres intérêts.

On observe dans les Constitutions d'Anderson, un des textes fondateurs de la Franc-maçonnerie, un déphasage complet entre ce qu'elle proclame et ce qu'elle fait. *Recherche de la vérité, étude de la morale, amélioration matérielle et morale, perfectionnement intellectuel et social, tolérance mutuelle, respect des autres et de soi-même, liberté de conscience*, etc, sont les règles censées régner dans le cœur des francs-maçons... qui ne sont que des hommes faillibles, en effet... Mais il suffit de constater aujourd'hui l'état de ce monde depuis que l'humanité est soumise à ce sophisme Maçonnique, pour comprendre l'imposture que représente cet humanisme dégoulinant de bons sentiments, pour si peu de résultats... ou pour un si grand chaos dirons-nous...

Éliphas Lévi ironisait ainsi sur la devise républicaine Maçonnique : « *Liberté pour les convoitises, Égalité dans la bassesse et Fraternité pour détruire.* » (*Histoire de la Magie* - 1913, Livre V, Chap.VII)

Rappelons le scandale de la loge *Propaganda Due* qui éclata en Italie dans les années 80. La loge maçonnique « P2 » (Grand Orient d'Italie), alors dirigée par Licio Gelli, était impliquée dans plusieurs affaires criminelles, notamment de la corruption politique mais aussi dans l'attentat de la gare de Bologne en 1980, dans le cadre d'une « *stratégie de la tension* ». Cette puissante et élitiste loge Maçonnique, liée à la mafia, avait alors été qualifiée « *d'État dans l'État* » ou de « *gouvernement de l'ombre* ». Elle comprenait parmi ses membres des députés et sénateurs, des industriels, mais aussi officiers militaires de haut rang, chefs des services secrets, magistrats, banquiers, dirigeants de la presse, etc…

Un « État dans l'État » ?! C'est sous ce titre que la journaliste française Sophie Coignard publia son livre enquête sur les réseaux Maçonniques hexagonaux. « *Il faut bien comprendre que la Franc-maçonnerie est bien plus qu'un réseau social, c'est vraiment un état dans l'état.* » affirmait-elle sur le plateau du JT de France 2. Elle a également mis les pieds dans le plat en déclarant : « *Quand un magistrat est franc-maçon, que le prévenu est franc-maçon et que son avocat est franc-maçon, éventuellement l'expert judiciaire aussi, ça peut poser un problème ! Et j'ai évidemment des exemples !* » (Émission « Revu & Corrigé », France 5 - 24/03/2009) Rendre la justice fait l'objet d'une prestation de serment, lorsque vous devenez

Sophie Coignard
UN ÉTAT DANS L'ÉTAT
LE CONTRE-POUVOIR MAÇONNIQUE

Albin Michel

magistrat vous prêtez serment… Si vous êtes franc-maçon, lequel des deux serments l'emporte sur l'autre au moment de juger ? Il est évident qu'au niveau de la justice, ces collusions Maçonniques posent un sérieux problème…

Dans l'affaire de l'assureur d'Arras (Jacques Heusèle) très probable organisateur de ballets roses (pédocriminalité), l'avocat Bernard Méry a affirmé qu'une juge lui a clairement dit : « *Maître, on ne peut rien faire dans ce dossier, vous avez la Franc-maçonnerie… Qu'est-ce que vous voulez faire contre la Franc-maçonnerie ? »* (*Les Faits* - Karl Zéro)… Nous y reviendrons.

Quasiment toutes les personnes mises en examen dans l'affaire des partouzes du Carlton de Lille étaient des francs-maçons du GODF. Les faits ont révélé un système de *proxénétisme aggravé en bande organisée*, mais aussi de *recel d'abus de biens sociaux, escroquerie* et *abus de confiance*. Les trois juges chargés du dossier ont déclaré que cette affaire était *l'œuvre de réseaux francs-maçons, libertins et politiques*. Il est à noter qu'un commissaire divisionnaire, lui-même franc-maçon, utilisait les fichiers de police pour fournir des informations à ce réseau...

En 2013 aux États-Unis, à Battle Creek (Michigan), la police a fait une descente dans un temple Maçonnique suite au signalement de plusieurs personnes nues aperçues derrière les vitres du bâtiment. Le premier policier à avoir passé la porte dira avoir été « *choqué* » devant une situation « ***hors de contrôle*** ». Le policier a déclaré à une journaliste présente sur les lieux : « ***J'ai vu un couple en plein rapport sexuel violent, entouré de nombreuses femmes nues, il y avait de la drogue et des hommes filmaient la scène.*** » Selon la journaliste ayant pu discuter avec des riverains, ce n'était pas la première fois qu'une partouze se déroulait dans ce temple... Il ne s'agit pas ici de faire la « police des braguettes », mais de mettre en lumière cette tendance Maçonnique à la désinhibition totale visant à dépasser la morale sociale, les *tabous* et toute notion de bien et de mal. Comme nous allons le voir, ces activités orgiaques prennent leurs racines dans les anciens cultes à Mystères et dans les rites de magie sexuelle, notamment avec le culte Dionysiaque et les Bacchanales. Nous verrons que certains francs-maçons semblent pousser à l'extrême ces pratiques déviantes en impliquant des enfants et adultes non consentants dans des sévices rituels traumatiques...

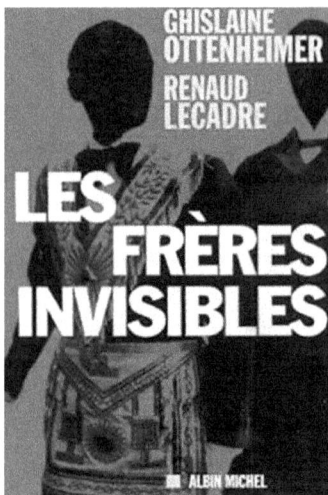

Ghislaine Ottenheimer et Renaud Lecadre, auteurs du livre « *Les Frères Invisibles* », rapportent que plusieurs francs-maçons ont évoqué devant eux les « *méthodes dignes des pires séries noires, utilisées par certains Frères pour compromettre leurs honorables associés* » : **l'utilisation de lieux de partouze avec des miroirs sans tain permettant de prendre des photos, sans oublier de préciser que de jeunes enfants peuvent être utilisés dans ces « pièges à miel ».** Ainsi, tout le monde se tient par la barbichette. Ottenheimer expliquait également dans l'Express que *des magistrats craignent de voir leur procédure annulée à cause de connexions Maçonniques* (…) *La justice Maçonnique impose à ses membres d'en référer d'abord à leur hiérarchie avant toute action devant les tribunaux de la République. Certains se sont même fait exclure pour avoir poursuivi l'un des leurs devant la justice civile sans avoir tenu compte de la volonté des hauts grades d'étouffer l'affaire. Comment croire à l'impartialité de cette justice Maçonnique ?*

Dans le documentaire de Karl Zéro « *Le fichier de la honte* » (Affaire Zandvoort), on y voit Juan Miguel Petit, rapporteur pour la Commission des Droits de l'homme de l'ONU, déclarer :

« *Il y a eu des plaintes et des dénonciations précises de mères qui se disent poursuivies par des groupes, pouvant être assimilés à des mafias ou à des loges, organisant la pornographie infantile.* » Suite à son enquête en France, Juan Miguel Petit écrira dans son rapport[2] en 2003 : *Dans plusieurs cas qui ont été communiqués au Rapporteur spécial, il a été signalé que les individus accusés de commettre des abus (sur enfants) étaient **étroitement liés à des membres de l'appareil judiciaire ou à des individus occupant de hautes fonctions dans l'administration publique, qui étaient en mesure d'influencer l'issue des procédures à leur détriment**, argument qui avait été également formulé par la Division nationale pour la répression des atteintes aux personnes et aux biens...*

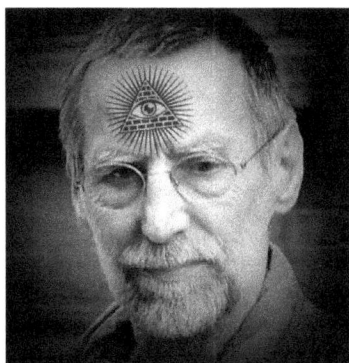

Peu de gens savent que celui que l'on surnomma *l'ogre des Ardennes*, le psychopathe pédocriminel Michel Fourniret, était un franc-maçon. C'est le journaliste Oli Porri-Santoro qui a révélé dans son livre *« Le fils de l'ogre »* l'appartenance de Fourniret à la Franc-maçonnerie du Grand Orient de France, dans la loge des *« Frères Unis Inséparables »*. Oli Porri-Santorro, lui-même franc-maçon à l'époque, **affirme avoir reçu des pressions et des menaces pour lui interdire de mentionner dans son livre ce lien entre Fourniret et la Franc-maçonnerie.** Quant à savoir si *l'ogre des Ardennes* était un prédateur isolé comme on nous l'a présenté, ou s'il était en lien avec un réseau pédocriminel, c'est une autre histoire…

Voir par exemple des membres du Rotary Club (groupe crypto-maçonnique, fondé et composé principalement de francs-maçons) vendre des boules de sapin de Noël dans une galerie de supermarché au profit d'enfants nécessiteux, ou des Shriners

---

[2] http://ekladata.com/619tRjph2N9yyTQQCvlopK-Pac8/rapport-onu-juan-manuel-petit-2003.pdf#viewer.action=download

(branche maçonnique) financer et prendre en charge des hôpitaux pour enfants, est « *le côté lumineux des Frères* » ; tandis que certains témoignages viennent troubler ce paisible décor en rapportant des viols en réunion sur des enfants lors de rituels allant jusqu'au sacrifice de sang, impliquant Shriners ou Rotariens : « *Le côté obscur des Frères* »… - **Dr Jekyll & Mr Hyde** -

Pour mieux appréhender la série de témoignages qui suivra, abordons à présent la question des religions antiques à Mystères, dont la Franc-maçonnerie se revendique être la continuité. Ces pratiques païennes pourraient aider à comprendre les obscures motivations qu'il y a derrière le pédo-satanisme, des sévices rituels traumatiques entraînants de profonds états dissociatifs…

Religions à Mystères, Paganisme et Rituels Traumatiques Initiatiques

Selon l'écrivain et conférencier américain Fritz Springmeier[3], un des secrets des religions à Mystères, en particulier le culte Égyptien des Mystères d'Isis était la capacité d'utiliser les drogues, la torture et l'hypnose pour créer des personnalités multiples (trouble dissociatif de l'identité) chez un être humain. Selon ses sources, des esclaves sexuels (hommes ou femmes) sous contrôle mental sont utilisés de nos jours dans les hauts degrés Maçonniques et autres arrières loges ésotériques. Une personnalité alter programmée depuis la petite enfance peut servir de prêtresse lors de certains rituels. Ces esclaves dissociés par les traumatismes subissent des transes, des possessions démoniaques et toutes sortes de rituels pervers basés sur la magie sexuelle.[4]

Les Mystères d'Isis étaient essentiellement basés sur la magie. La sorcellerie égyptienne et isiaque a joué dans tout l'Ancien Monde un rôle considérable, et ces pratiques occultes ne se sont

---

[3] http://mk-polis2.eklablog.com/interview-de-fritz-springmeier-p635419

[4] http://mk-polis2.eklablog.com/magie-sexuelle-et-societes-secretes-jean-pascal-ruggiu-golden-dawn-a134245690

pas éteintes avec le monde moderne matérialiste : **elles ont perduré dans l'enseignement des sociétés secrètes initiatiques de types Maçonniques**. « *La magie ancienne était la fondation de la religion. Le fidèle qui voulait obtenir quelque faveur d'un dieu n'avait chance d'y réussir qu'à la condition de mettre la main sur ce dieu, et la mainmise ne s'opérait qu'au moyen d'un certain nombre de rites, sacrifices, prières, etc...* » (M. Maspero, *Études de mythologie et d'archéologie égyptiennes*. Paris, 1893, tome I, p.106)

Ces cultes étaient particulièrement présents dans le bassin méditerranéen, nous pouvons citer par exemple les cérémonies Babyloniennes de *Inanna* et *Tammuz*, les Mystères Égyptiens d'*Isis* et *Osiris*, le culte d'*Orphique*, le culte de *Bacchus (Dionysos)*, les Mystères d'*Éleusis*, de *Mithras*, les rituels *Corybantiques* ou encore les Mystères d'*Attis* et *Adonis*.

Certains témoignages actuels semblent confirmer que le culte à Dionysos / Bacchus et globalement toutes ces religions païennes sont encore pratiquées de nos jours en Occident. Le livre *Ritual Abuse and Mind Control : The Manipulation of Attachment Needs* contient le témoignage d'une survivante d'abus rituels sataniques et de contrôle mental. La femme est née dans une famille qui pratiquerait ces rituels de génération en génération, voici un extrait de son témoignage : « *Le premier assassinat d'enfant dont je me souviens consciemment remonte à l'âge de quatre ou cinq ans (...) Nous avons été conduits dans une grande demeure seigneuriale, c'était durant l'été à l'occasion d'une date*

importante. Le vendredi soir il y a eu un rituel suivi d'une orgie sexuelle impliquant beaucoup de personnes costumées dans cet immense salon. **Bacchus était l'un des dieux qu'ils vénéraient.** *Le lendemain, nous sommes allés à l'extérieur dans une grande prairie, il y avait une centaine de personnes, c'était un grand rituel.* **Ma mère était couchée sur le sol, elle faisait le travail pour accoucher. L'enfant est né, c'était une petite fille. X m'a alors mis un couteau dans la main gauche en me confiant certaines choses à propos de cet enfant. Puis il a mis sa main sur la mienne et nous avons pointé le couteau vers la poitrine du bébé et nous l'avons tué. Il a retiré le coeur, tout le monde a acclamé et s'est déchaîné, puis l'enfant a été démembré et consommé.** »

Nous avons ici la description d'une secte pratiquant la dépravation sexuelle et les sacrifices de sang, que le profane qualifierait de « satanique ». Il s'agit du culte à Bacchus / Dionysos dont les origines remontent au culte phallique d'Osiris (lié à la fertilité) de l'ancienne Égypte, mais dont le goût du sang et de la luxure a été démultiplié. L'immoralité, le dévergondage inouï des sens et la pratique de la Haute Sorcellerie se retrouvent dans la plupart des sociétés secrètes initiatiques. Selon le franc-maçon J-M Ragon, la Franc-maçonnerie est une « *rénovation, une continuation des Mystères de l'Égypte* », ces doctrines secrètes païennes étant rénovées dans une Gnose réservée aux « Élus »…

Le Rituel orgiaque dans le film *Eyes Wide Shut*, ou lorsque Stanley Kubrick mettait à l'écran **le culte à Bacchus**

L'Ordre Maçonnique s'appuie sur une ascendance contenant non seulement les rituels des bâtisseurs de cathédrales, mais aussi des rites qui proviennent de divers cultes antiques comme les religions à Mystères impliquant comme nous le verrons des rituels initiatiques traumatiques. Dans son ouvrage intitulé « *Fils*

de la Veuve », le professeur Jean-Claude Lozac'hmeur analyse les liens qui existent entre la tradition Maçonnique gnostique contemporaine et la mythologie. Il conclut que le mythe du *Fils de la veuve* cher aux francs-maçons contient une véritable parabole transmettant de manière voilée une tradition secrète à laquelle était associé à l'origine un culte initiatique. Selon lui, une fois décrypté, ce récit symbolique révèle une religion dualiste opposant un *dieu mauvais*, auteur du Déluge, à un *dieu bon*, de type prométhéen (luciférien). **Le *dieu bon* des gnostiques divers et variés serait donc Lucifer caché sous ses plus beaux apparats, un « Dieu Libérateur » illuminant les initiés par la lumière de la connaissance**…

Dans le livre « *Le monde grec antique* », Marie-Claire Amouretti écrit à propos du culte à Mystères de Bacchus / Dionysos :

« Dionysos apparaît comme le dieu libérateur, Dieu du vin et du désir débridé. C'est tout le cadre civique et familial qui craque à l'occasion de ces fêtes dont Euripide fera une extraordinaire évocation dans Les Bacchantes : L'ivresse physique et la liberté sexuelle expriment un besoin profond de se libérer d'un système civique, moral et familial. »

Marcel Détienne écrit dans son livre « *Dionysos mis à mort* » : « *Les fidèles de Dionysos s'ensauvagent et se conduisent comme des bêtes féroces* (…) *Le Dionysisme permet d'échapper à la condition humaine en s'évadant dans la bestialité par le bas, du côté des animaux.* »

Dans le monde Dionysiaque, on appelle « *Orgiasme* » les pratiques consistant en des cérémonies de groupe dans lesquelles ont lieu **des sacrifices de sang, des danses extatiques et des rites érotiques.** Dionysos se présente sous le double aspect d'un dieu de la Nature et d'un dieu des pratiques orgiaques, tout comme Shiva en Inde ou Osiris en Égypte. **L'Orgiasme vise au déconditionnement de l'être, qui retourne pour un moment à sa nature la plus profonde et la plus refoulée : la porte ouverte aux pires dérives…**

Selon l'historien Romain Titus Livy, l'auteur de « *Rome and the Mediterranean* », les Romains qui avaient enquêté sur le culte à Mystères de Bacchus avaient découvert que **ses rituels incluaient des transgressions sexuelles et des sacrifices de sang.** Il s'agit du « **Scandale des Bacchanales** », historiquement bien référencé.

Ces diverses sectes antiques semblent avoir mélangé la notion de fertilité de la terre nourricière à celle de la fertilité humaine, baignant ainsi dans des orgies rituelles et des sacrifices de sang liés à un certain calendrier pour honorer et faire des offrandes aux dieux et aux déesses. Les abus rituels sataniques, les sacrifices de sang et la magie sexuelle qui se déroulent encore de nos jours, découlent de ces anciennes pratiques Babyloniennes.

Dans son livre « *Les Divinités génératrices* », Jacques-Antoine Dulaure (à l'époque franc-maçon de la loge *Osiris de Sèvres*) nous confirme que le culte à Mystères de Bacchus provient d'Égypte et qu'il est lié au culte phallique (l'adoration du pénis). Dulaure écrit dans son livre : « *Hérodote et Diodore de Sicile s'accordent à dire que le culte de Bacchus a été introduit en Grèce par un dénommé Mélampous, instruit par les Égyptiens d'un grand nombre de cérémonies. Mélampous, fils d'Amythaon, avait, dit Hérodote, une grande connaissance de la **cérémonie sacrée du Phallus**. C'est lui en effet qui a instruit les Grecs du nom de Bacchus, des cérémonies de son culte, et qui a introduit parmi eux **la procession du Phallus** (…) **Tout ce que ces mystères ont de plus saint, ce qui est caché avec tant de soin, ce qu'on est admis à ne connaître que fort tard, ce que les ministres du culte, appelés Epoptes, font si ardemment désirer, c'est le simulacre du membre viril.** »*

Le livre Maçonnique intitulé « *The Master Mason* » (Grand Lodge F.&A.M. of Indiana, Committee on Masonic Education) décrit clairement le lien qu'il y a entre les cultes à Mystères de l'antiquité et la Maçonnerie moderne : « *L'idée qui se cache derrière la légende*

*d'Hiram est aussi vieille que la pensée religieuse chez les hommes. Les mêmes éléments existaient dans l'histoire d'Osiris, célébrées par les Égyptiens dans leurs temples, tout comme les anciens Perses s'y référaient avec leur dieu Mithras. En Syrie, les Mystères Dionysiaques contiennent des éléments très similaires avec l'histoire de Dionysius et de Bacchus, un dieu qui est mort et ressuscité. Il y a aussi l'histoire de Tammuz, aussi vieille que toutes les autres. **Tout cela se réfère aux anciens Mystères. Ils sont célébrés par les sociétés secrètes, tout comme la nôtre, avec des cérémonies allégoriques durant lesquelles les initiés progressent dans ces anciennes sociétés en passant d'un degré à l'autre. Lisez ces anciennes histoires et émerveillez-vous sur le nombre d'hommes qui ont tous reçu la même grande vérité, d'une même manière. »***

Dans son livre intitulé « *Symbolism of Freemasonry or Mystic Masonry* », le maçon 32ème degré J.D. Buck écrit que la « ***Franc-maçonnerie est modelée sur le modèle des anciens Mystères, avec leurs symboles et leurs allégories, cela est bien plus qu'une coïncidence en raison des fortes similitudes. »***

En 1896, dans « *History of Freemasonry* », Albert Mackey a écrit à propos de la connexion entre Maçonnerie et Religions à Mystères : « *Il est connu que dans les Mystères tout comme dans la Franc-maçonnerie, il y a des obligations solennelles de secrets avec des pénalités en cas de violation du serment. J'ai retracé les analogies entre les anciens Mystères et la Franc-maçonnerie moderne (...) **La Franc-maçonnerie est la continuité ininterrompue des anciens Mystères, la succession de ce qui était transmis à travers les initiations de Mithras. »***

Un crypte mithraïque, ancêtre de la loge maçonnique moderne

Les analogies entre le culte à Mystères de Mithras et la Franc-maçonnerie contemporaine sont nombreuses et incontestables. Dans son livre « *Fils de la Veuve* », Jean-Claude Lozac'hmeur cite plusieurs de ces similitudes. Tout d'abord la salle des mystères de Mithras était souterraine et elle comportait une crypte dont le plafond pouvait être décoré d'étoiles symbolisant l'univers, tout comme le plafond des temples Maçonniques. Les deux cultes ont une même disposition des lieux : de chaque côté de la salle, dans le sens de la longueur, étaient disposés des bancs entre lesquels se dressaient quatre petits piliers pour le temple mithraïque et trois piliers dans le temple Maçonnique. Aux deux colonnes *Jakin* et *Boaz* des loges modernes correspondent les deux colonnes encadrant les bas-reliefs de Mithras. Enfin et surtout, les deux cultes comportent une initiation qui est précédée d'épreuves et ils comportent également plusieurs degrés d'initiation. Le rituel initiatique du premier degré Maçonnique est quasiment identique aux représentations de l'initiation au mithraïsme. Dans les deux cas, le candidat a les yeux voilés d'un bandeau que tient derrière lui un personnage et dans les deux cas le maître de la cérémonie lui présente une épée. Dans l'initiation de Mithras, le candidat est nu et il se tient assis les mains liées derrière le dos, tandis que dans l'initiation Maçonnique, le candidat a un bras et une jambe nus et il se tient debout, les mains libres. Il est plus que probable que nous avons affaire ici au même culte ayant traversé les siècles.

Albert Pike lui-même a admis que la Franc-maçonnerie était un vestige de la religion antédiluvienne, c'est-à-dire la religion des Mystères, la religion Babylonienne : « *La légende des colonnes de granit, de laiton ou de bronze qui ont survécu au déluge, est supposée symboliser les Mystères, **dont la Maçonnerie est la succession légitime.*** » Albert Mackey précise dans « *The History of Freemasonry* » que *l'histoire traditionnelle de la Franc-maçonnerie débute avant le déluge. Il existait un système d'instruction religieuse qui de par sa ressemblance avec la Franc-maçonnerie aux niveaux légendaire et symbolique, a été nommé par certains auteurs la « **Maçonnerie Antédiluvienne** ».* Dans son livre « *La Symbolique Maçonnique* », Jules Boucher, également franc-maçon, affirme que « ***la Maçonnerie actuelle est non pas une survivante des Mystères de l'Antiquité, mais une continuation des dits Mystères.*** »

Il est légitime de se poser plusieurs questions : la Maçonnerie moderne transmet-elle des initiations et des connaissances similaires à celles des anciens cultes Babyloniens ? Cette connaissance Maçonnique secrète a-t-elle conservé une doctrine basée sur le paganisme, incluant entre autres des pratiques sexuelles dépravées ainsi que des sacrifices et baptêmes de sang (magie sexuelle et démonologie) ? S'agit-il de cette maçonnerie *parasitée*, la maçonnerie *noire* aux rituels initiatiques traumatiques dont parle Albert Mackey ? Cette revendication d'une descendance des plus honteux « mystères » de l'antiquité par de nombreux écrivains francs-maçons prouve que la Franc-maçonnerie tend par ses doctrines et ses pratiques à la restauration du paganisme antique dans sa plus grande perversion. La magie sexuelle ainsi que les rituels initiatiques de Mort et Renaissance symbolique sont au cœur des Mystères de la Haute Maçonnerie et de la Haute Sorcellerie. **Sans avoir connaissance de ces pratiques occultes, il est difficile de comprendre et d'accorder du crédit aux témoignages d'abus rituels sataniques qui dépassent l'entendement du profane.**

Dans son traité sur la magie sexuelle, Pierre Manoury écrit à propos de ces rites : « *Il faut savoir qu'elles constituent des pratiques rituelles de manipulation énergétique dans plusieurs traditions ; **de certaines sociétés occidentales très fermées, des sabbats de la haute sorcellerie, des bacchanales grecques aux priapées en passant par les rituels orgiaques shivaïques** (...) **certaines branches de la magie sont assez élitistes, la magie sexuelle fait partie de celles-ci.*** »

Dans la préface de son manuel de magie sexuelle (*The Hanging Mystery*), l'occultiste russe Maria de Naglowska, annonce clairement la couleur quant à ces pratiques ésotériques : « *Divinement, la mission de notre Triangle consiste dans le redressement dans la bonne voie de l'Esprit du Mal, ou, autrement dit, **dans le Rachat de Satan.*** »

Pascal Beverly Randolph

MAGIA SEXUALIS

Tehnici sexuale de înlănțuire magică

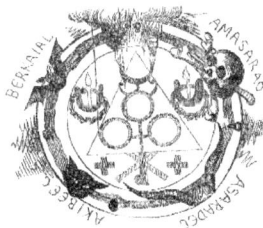

Sexul este cea mai mare forță magică a Naturii.

Un des « pères » de la magie sexuelle occidentale est Paschal Beverly Randolph. Selon lui « *le véritable pouvoir sexuel est le pouvoir de Dieu* », pouvant être utilisé à la fois comme une expérience mystique mais également pour des pratiques magiques servant à obtenir de l'argent, le retour d'un être aimé ou pour toutes sortes de choses... Les enseignements sur la magie sexuelle de Randolph ont largement circulé dans de nombreuses sociétés secrètes Maçonniques et autres fraternités ésotériques européennes, particulièrement à l'*Ordo Templi Orientis* (O.T.O.). Randolph avait fondé un ordre religieux consacré à la *régénération spirituelle de l'humanité*, nommé la Fraternité d'Eulis, officiellement fondée en 1874. Il déclara que sa nouvelle secte prenait racine dans les Mystères d'Éleusis, une des nombreuses anciennes religions grecques antiques. Randolph était aussi lié avec la tradition Rosicrucienne, mais il a affirmé que la Fraternité d'Eulis était bien plus connectée aux Mystères que ne l'est l'Ordre des Rose-Croix, qui selon lui n'est seulement qu'une porte d'entrée pour accéder au sanctuaire d'Eulis : **les plus profonds secrets d'Eulis étant en grande partie centrés autour des rituels de magie sexuelle, en lien avec le culte de la fertilité des anciennes religions à Mystères.** Sarane Alexandrian, l'auteur de « *La Magie Sexuelle : Bréviaire des sortilèges amoureux* », rapporte dans son livre **que ce sont les organisations initiatiques, c'est-à-dire les sociétés secrètes, qui se sont chargées d'enseigner la magie sexuelle aux initiés.** Karl Kellner et Theodor Reuss, deux francs-maçons de haut degré, sont les deux fondateurs de l'*Ordo Templi Orientis* (O.T.O), qui selon Alexandrian, est une véritable école de magie sexuelle. En 1912, l'O.T.O. publia dans l'Oriflamme : « *Notre Ordre a redécouvert le grand secret des Chevaliers Templiers qui est la clé qui ouvre toutes les mystiques Maçonniques et hermétiques, à savoir l'enseignement de la magie sexuelle. Cet enseignement explique, sans exception, tous les secrets de la Nature, tous le symbolisme de la Franc-maçonnerie et tous les rouages de la religion.* »

Alexandrian affirme que l'O.T.O. comprend 12 degrés initiatiques et que c'est seulement à partir du huitième degré que l'on peut commencer à aborder la magie sexuelle par la masturbation initiatique. **Le septième degré quant à lui est centré sur l'adoration du phallus sous le symbole du Baphomet.** Le neuvième degré enseigne la magie sexuelle proprement dite, c'est-à-dire la façon d'accomplir l'acte sexuel de manière à obtenir des pouvoirs.

Le livre « *Secrets of the German Sex Magicians* » donne les trois degrés initiatiques de la magie sexuelle enseignée par Aleister Crowley et pratiquée par les membres de l'O.T.O. :

VIII° = Enseignement des pratiques magiques autosexuelles (masturbation).

IX° = Enseignement des pratiques magiques hétérosexuelles, interaction entre le sperme et le sang menstruel ou les sécrétions féminines.

XI° = Enseignement des pratiques magiques homosexuelles, isolation de l'anus (*per vas nefandum*), sodomie, interaction avec les excréments.

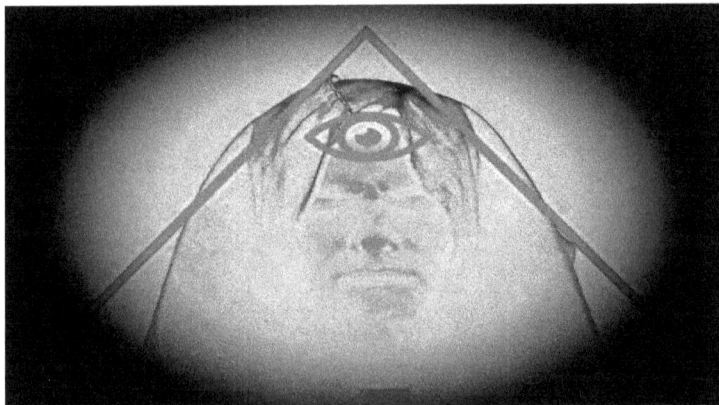

Nous constatons que les enseignements de l'O.T.O. en matière de magie sexuelle qui arrivent en dernier sont ceux liés au rectum. Dans son livre « *Shiva et Dionysos : La religion de la Nature et de l'Éros* », Alain Daniélou écrit : « *Il existe tout un rituel lié à la pénétration anale, à la Kundalini (…) cela explique un rite d'initiation masculine, très répandu parmi les peuples primitifs, **dans lequel les initiés adultes mâles ont des rapports sexuels dans l'anus avec les novices** (...) Cet acte fait d'ailleurs partie des accusations portée contre les organisations dionysiaques par leurs détracteurs, et contre certains groupes initiatiques.* »

Frater U.'.D.'. l'auteur de *"Secrets of the German Sex Magicians"* affirme que des états de conscience modifiés sont recherchés par les occultistes à travers les rituels sexuels pour obtenir ce qu'ils appellent des *pouvoirs magiques*. Cet auteur encourage clairement ses lecteurs à pratiquer des rituels qui entraînent un **dépassement des tabous sexuels** et il insiste sur le fait que « *par l'emploi de pratiques bizarres et inhabituelles, nous accédons à des états de conscience altérés qui fournissent la clé des pouvoirs magiques.* » Voilà le genre de déclarations qui pourraient expliquer les témoignages concernant les sévices rituels pédocriminels dont la perversité dépasse l'entendement, allant même jusqu'au sacrifice humain.

Les **rituels de renaissance initiatique** avec le passage par une mort symbolique étaient quelque chose de répandu dans les religions à Mystères. Ces rites de renaissance prennent racine dans les anciens cultes de la fertilité liés à la Déesse Mère. Dans les anciens Mystères, l'initié recevait la promesse d'une toute-puissance divine, une union cosmique avec le « tout », grâce à l'union symbolique avec *La Mère*. Dans les Mystères d'Éleusis, il y avait une initiation nommée la « *Descente Sombre* » dans la Mère. Le hiérophante était accompagné dans cette obscure initiation par une prêtresse qui représentait la Déesse Mère, la descente dans son utérus. Dans le culte de Mithras, l'initié descend dans une fosse et le sang d'un animal est versé sur lui, suite à ce baptême et cette renaissance, il reçoit le *lait nourricier*.

La célèbre société secrète élitiste *Skull and Bones* pratique un rituel de mort symbolique où l'initié est placé nu dans un cercueil, il doit subir diverses étapes traumatisantes dans le but d'une renaissance et d'une transformation de sa vie. Pour les

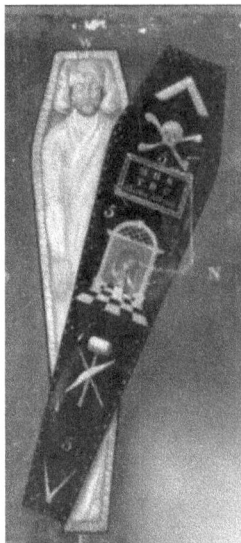

Skull and Bones, durant la nuit du rituel l'initié « *meurt au monde pour renaître dans l'Ordre* (...) *alors qu'il est dans le cercueil pour un voyage symbolique à travers les enfers pour sa renaissance*... » Le serment prononcé par l'initié lors de ce rituel de renaissance jure une allégeance à l'Ordre secret qui surpasse tout ce qui concerne le monde profane. Dans son livre « *The Satanic Rituals : Companion to The Satanic Bible* », Anton Lavey le fondateur de l'église de Satan, a écrit :

« *La cérémonie de la renaissance se passe dans un grand cercueil, de façon similaire cette symbolique du cercueil se retrouve dans la plupart des rituels de loges.* » Le rituel initiatique de Renaissance le plus extrême, tel que la « **cérémonie de la résurrection** », consiste à infliger des traumatismes extrêmes visant à provoquer une expérience de mort imminente avec une sortie astrale… pouvant se faire sur un adulte ou… un enfant. **Apprendre à souffrir mais aussi apprendre à faire souffrir semble faire partie des ténébreuses initiations**.

L'initiation des enfants par des rituels traumatiques n'est pas quelque chose de rare dans le paganisme. Dans l'initiation Druidique, les candidats subissent des rituels visant à les faire transcender la douleur et la peur (confinements dans des grottes, des coffres ou des cercueils) pendant plusieurs jours, pour en ressortir *nés de nouveau*. Ces pratiques initiatiques, connues comme le *feu mystique*, avaient pour but d'atteindre le *flamboiement de lumière*, c'est-à-dire un profond état dissociatif. Le spécialiste du druidisme et de la mythologie celtique Ross Nichols écrit dans « *The Book of Druidry* » que les druides *plongeaient ou cuisaient l'enfant dans le feu mystique*... **Comprenez que l'enfant était parfois soumis à ces épreuves initiatiques dissociatives.**

Notons ici que *l'auteur sacré* de la Franc-maçonnerie, J-M Ragon, a écrit que « *Les Druides de la Bretagne, qui tenaient leur religion d'Égypte, célébraient les orgies de Bacchus.* » (F∴J.M Ragon, Cours philosophique. p. 62) Le monde est petit…?

Les rituels initiatiques de types traumatiques ont pour but de transcender la conscience. Dans son livre intitulé « *A Course of Severe and Arduous Trials* » Lynn Brunet nous explique que *les épreuves des anciens cultes à Mystères visaient à produire des états altérés de conscience, une expérience mystique avec un état d'extase et d'union avec le divin. Les méthodes impliquaient l'exploitation de la douleur, de la peur, de l'humiliation et de l'épuisement.*

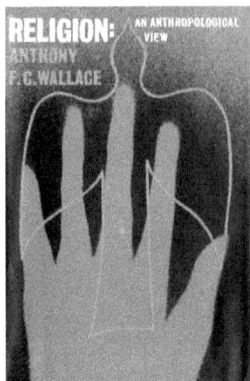

Cet état de conscience modifié face à la terreur et à la douleur extrême, ce *flamboiement de lumière* ou cette *illumination*, est-ce que l'on appelle aujourd'hui à la lumière de la psychotraumatologie : **la Dissociation** (voir l'annexe n°3). Un point essentiel à comprendre lorsque l'on étudie la pédocriminalité et plus particulièrement le pédo-satanisme. Les états dissociatifs, allant jusqu'au fractionnement de la personnalité, étant la fondation sur laquelle s'implante la programmation mentale - notamment l'esclavage sexuel - dont raffole certains groupes d'occultistes...

Dans son livre « *Religion : An Anthropological View* » l'anthropologue Anthony Wallace décrit un *processus d'apprentissage rituel* **qui fonctionne essentiellement avec ce qu'il nomme la** « *Loi de la Dissociation* ». **Il écrit que ces pratiques visant à induire un état spirituel extatique en manipulant directement et crûment le fonctionnement physiologique de l'humain se retrouvent dans tous les systèmes religieux antiques et primitifs.** Wallace classe ces manipulations en quatre grandes catégories :

- 1) Drogues
- 2) Privation sensorielle et mortification de la chair par la douleur
- 3) Privation de sommeil
- 4) Privation d'aliments, d'eau ou d'oxygène

Wallace décrit indirectement, sur une base anthropologique, les origines des abus rituels sataniques et du contrôle mental. Il décrit comment le néophyte est mis dans un état où il se retrouve radicalement dissocié de toutes ses connaissances passées afin de recevoir de nouvelles informations. En effet, la restructuration cognitive et affective (programmation) est facilitée lors de ces états dissociatifs où la suggestibilité du sujet est démultipliée.

Wallace note que *l'efficacité de ces procédures pour induire des changements physiologiques a même été démontrée dans un cadre non religieux, notamment dans des expérimentations cliniques sur les effets de la privation sensorielle et les diverses techniques de « lavage de cerveau » ou de « réforme de la pensée »*. Il fait ici référence au programme MK-Ultra.

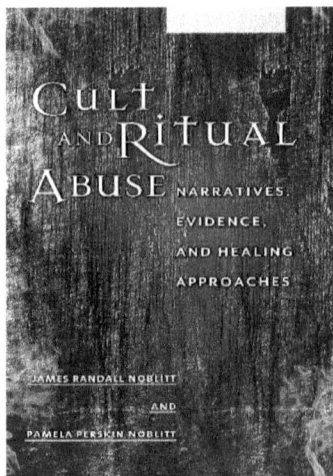

Anthony Wallace parle d'un *état spirituel extatique* entrainé par certains rituels, une extase provoquée par un profond état dissociatif. Le mot *extase* qui vient du grec *ekstasis* signifie *sortie du corps*, cette *illumination* dissociative lors des traumatismes est en effet considérée par certains comme extatique, c'est-à-dire un état de conscience où passé, présent et futur sont transcendés et unifiés...

Les victimes de viol, adultes ou enfants, rapportent très souvent ce phénomène de dissociation extrême où **elles se sentent sortir de leur corps physique lors du drame**, observant la scène depuis l'extérieur, les émotions et la douleur physique s'étant alors « volatilisées ».

Selon le professeur de psychologie américain James Randall Noblitt, **les traumatismes ont toujours été considérés au cours de l'histoire comme un moyen de créer des états modifiés de conscience** : « *Il existe de nombreuses façons de créer des états modifiés de conscience. Évidemment vous pouvez méditer, faire de l'hypnose, écouter du tambour, et vous laisser un peu aller... mais rien de très impressionnant ne se passera...* **J'ai la conviction qu'il y a très longtemps, certains ont compris que si vous traumatisez une personne d'une certaine manière, vous pouvez créer le dieu que vous adorez** (la dissociation avec sortie astrale est une porte ouverte à la possession par une entité extérieure). *C'est pour cette raison que de nombreuses religions anciennes incluaient le traumatisme dans leur culte. Il existe un livre sur ce sujet : « God is a Trauma »* (Dieu est un traumatisme) *qui traite en particulier de certaines pratiques Gnostiques traumatiques remontant à l'antiquité. Nous pouvons remonter encore plus loin dans le temps, à l'époque médiévale, au chamanisme ou au druidisme.* **C'est là que commencent les** *pratiques de programmation mentale, lorsque des individus ont remarqué que l'application de rituels traumatiques pouvait produire des états dissociatifs, des identités dissociées, autrement dit des divinités* (possession). *Au fil du temps ces pratiques ont subi des changements, mais pas tant que ça... Vous devez connaître les Cultes à Mystères qui existaient en Méditerranée à l'époque antique, jusqu'à l'époque médiévale. Beaucoup d'entre eux impliquaient également des rituels traumatiques. De nos jours, des personnes prétendent que la continuité de ces cultes, à savoir les organisations fraternelles des temps modernes, les sociétés secrètes, pratiquent également ce genre de choses.* »

Cette forme extrême d'initiation des jeunes se retrouve dans plusieurs cultures. En Papouasie-Nouvelle-Guinée, les rituels traumatiques visant à terroriser l'initié font partie intégrante des cultes locaux. Les jeunes passant par ces protocoles se retrouvent totalement terrorisés par la cérémonie qui consiste à leur percer la cloison nasale et à bruler leur avant-bras. L'anthropologue Erik Schwimmer rapporte que l'initiation *Orokaiva* des Papous a pour fonction de provoquer « *une terreur absolue et durable chez le candidat* ». La panique est volontairement induite chez l'enfant ou adolescent, **qui peut même ne pas survivre à l'initiation**. L'anthropologue Maurice Bloch rapporte quant à lui les effets de la cérémonie *Embahi*, qu'il décrit comme **tuant symboliquement l'initié en neutralisant sa vitalité pour en faire un être purement transcendantal** (état dissociatif). **Suite à cette initiation, l'enfant devient sacré**...

Nous avons donc là des pratiques païennes qui pourraient aider à comprendre les obscures motivations qu'il y a derrière les abus rituels sataniques *modernes* visant à créer les états dissociatifs nécessaires au contrôle mental. Il s'agit de sacraliser l'enfant grâce aux profonds états dissociatifs… Une mort initiatique avec une renaissance pour faire de l'enfant un tueur plutôt qu'une victime : un membre à part entière du culte Luciférien.

e principe d'initiation par les traumatismes est le point commun de toutes les structures fraternelles lucifériennes / satanistes, **pour lesquelles l'initiation durant la petite enfance est le meilleur moyen d'obtenir un adulte loyal et fidèle (sous contrôle mental), qui respectera parfaitement la loi du silence tout en perpétuant l'obscure tradition des « Mystères ».** Les rituels comprenant des actes pervers et immoraux, notamment l'ignoble pédocriminalité, permettent également d'établir un chantage au silence sur les personnes qui y ont pris part. Cela permet de créer des liens « *Fraternels* », d'autant plus forts lorsqu'un sacrifice humain, un crime rituel, a été commis en groupe et que des caméras filmaient la scène pour l'immortaliser. Les adeptes qui plongent dans cette violence addictive se sentent connectés entre eux par un secret qu'il est strictement impossible de révéler à l'extérieur, **c'est un ciment malsain qui soude les membres entre eux et qui leur donne un sentiment de supériorité sur la masse humaine profane.** Ces cultes polythéistes pédo-sataniques qui pratiquent les viols rituels, les sacrifices humains et les baptêmes de sang vouent un culte à des entités telles que Moloch… La repentie Svali (née au sein d'un culte luciférien) rapporte que le groupe auquel elle appartenait (San Diego-USA) a des pratiques semblables à ces anciennes religions babyloniennes des Mystères, avec notamment un baptême de sang : « *Les enfants participeront à des rituels pendant lesquels les adultes portent des toges, et ils devront, entre autres, se prosterner devant la divinité gardienne de leur culte. Moloch, Ashtaroth, Baal, Enokkim, sont des démons qui sont couramment adorés. L'enfant peut assister à un sacrifice réel, ou mis en scène, servant d'offrande pour ces divinités. Les sacrifices d'animaux sont fréquents. L'enfant sera forcé de participer aux sacrifices et devra passer par le baptême de sang. Il devra prendre le coeur ou d'autres organes de l'animal sacrifié pour les manger (…) Ils font des rituels initiatiques avec les enfants ou avec des adeptes plus anciens, l'initié est attaché et un animal est saigné à mort au-dessus de lui.* »

L'ex franc-maçon Olivier Roney cité plus haut affirme que les fondements de la Franc-maçonnerie sont basés sur le culte de Mithras. Comme nous l'avons vu, le Pr. Lozac'Hmeur a démontré les fortes similitudes entre les rites initiatiques Mithraïques et Maçonniques. Les historiens rapportent qu'il existait dans ce culte à Mystères de Mithras un baptême de sang : le *Taurobole*... Il s'agissait d'une cérémonie consistant à purifier tous les péchés par le sang d'un taureau sacrifié. Cela en mémoire du taureau divin immolé par Mithras. Benjamin Walker, l'auteur de « *The Woman's Encyclopedia of Myths and Secrets* » décrit ainsi cette cérémonie initiatique : « *Il y a d'abord quelques jours d'abstinence alimentaire et sexuelle, ensuite une cérémonie d'ablutions après laquelle les mains du candidat sont liées derrière son dos, puis il est couché au sol comme s'il était mort. Après certains rites solennels, sa main droite est saisie par le hiérophante et il est ressuscité. **Ensuite vient le baptême de sang. L'initié se retrouve nu dans une fosse couverte d'une grille, au-dessus de cette grille un animal est sacrifié afin que le sang s'écoule sur le candidat. Peu importe de quel animal il s'agit, il symbolise toujours le taureau de Mithras. Le poète chrétien Prudentius a fait un descriptif de ce rituel, dont il a un souvenir personnel : À travers la grille s'écoule dans la fosse le liquide rouge que le néophyte reçoit sur son corps, sur sa tête, etc. Symboliquement, l'initié a été ressuscité des morts et nettoyé par le sang revitalisant du taureau. Il est maintenant considéré comme « né de nouveau dans l'éternité » et sera accueilli dans la communauté des initiés comme un Frère, un Élu.*** » Concernant ce culte Mithraïque, il est rapporté que « *les énigmatiques et terrifiantes épreuves initiatiques semblent produire une désorientation cognitive chez les individus initiés.* » (*Cognitive science, ritual and the Hellenistic mystery religions, Religion & Theology* - Martin Luther, 2006) Dans les abus rituels sataniques, cette désorientation cognitive de la victime est essentielle au conditionnement et à la programmation mentale.

Certaines sociétés secrètes Maçonniques pratiquent-elles encore aujourd'hui ce type de cérémonies sanglantes... au fort potentiel

traumatisant ? Un document officiel qui contient les auditions et les procès-verbaux de **l'affaire Dutroux en Belgique** (rendu public par *Wikileaks* en 2009) rapporte certains témoignages relatifs à des sacrifices de sang lors de rituels avec parfois une sorte de baptême de sang. Il s'agit là de dépositions et de plaintes, aucune enquête digne de ce nom n'ayant été menée pour déterminer si ces témoignages étaient véridiques. Toutes ces affaires sont systématiquement étouffées... Pourquoi ça ?

Voici quelques extraits du document :

- *X1 a tué deux lapins et un bouc nain sur ordre de B.. La partouze avait lieu dans le garage. Participants avec costumes particuliers : cuir, capes, masques... C. doit manger le cœur du lapin sacrifié. Enfants attachés aux anneaux dans le garage. Le sang du bouc est versé sur C.* (PV 118.452, 10/12/96, Audition du témoin X1 (Regina Louf), page 542)

- *Il y a eu des messes noires à cette adresse (...) Le paragraphe 29 (journal personnel de W.) mentionne une famille qui pratique des sacrifices humains dont leur propre fille (...) Elle a été conduite dans une maison où il y a une grande piscine à l'extérieur. Il y a beaucoup d'hommes et de femmes. On la fait boire dans la voiture. Il y a un grand feu dans le jardin. Il y a trois autres fillettes (...) Lors d'une partie dans cette maison, on a versé du sang chaud sur elle.* (PV 117.753, 754 et 118.904, Audition de W., page 749)

- *Il a assisté à une messe noire dans la banlieue huppée de Gent en avril 1987. Messe Sataniste. Il y a eu sacrifice d'animaux éventrés et tués ensuite. Le sang des animaux était bu par les participants (...) T4 n'a pas pu assister à la cérémonie entière. Description de la villa. Véhicules luxueux (...) J. et E. ont signalé qu'il y avait des Parlementaires et d'autres personnalités. Incantations dans une langue inconnue. Prêtres et prêtresses nus sous leur cape. Tout le monde avec cape et masque. La souffrance des animaux sacrifiés est le moyen d'obtenir puissance et pouvoir.* (PV 118.220, 04/12/96, informations T4, page 125)

- *Il connaît des églises sataniques à Hasselt, Bruxelles, Gent, Knokke, Liège, Charleroi et Mozet (...) Les sacrifices vont du sacrifice d'animaux au sacrifice d'humains. Les sacrifices sont suivis d'orgies (...) Parfois la femme est sacrifiée et son sang sert pour les rites.* (PV 100.693, 06/01/97, Audition de L. P., page 126)

- *W. aurait participé à des messes noires avec d'autres mineures. Elle parle de mineures marquées au fer rouge et de sacrifices humains. Elle parle aussi de viande humaine préparée que les mineures ont dû manger. Durant ces soirées, les mineures étaient violées par les participants.* (PV 116.780 21/11/96, Audition de W., page 746)

- *Il a participé en 1985 à plusieurs séances sataniques près de Charleroi. À une occasion, le sang d'une fillette de 12 ans a été offert à l'assistance. Il n'a pas assisté au meurtre (...) sur place, il a été drogué avant d'être amené dans une salle avec des gens masqués et habillés en robes noires. Les participants buvaient du sang. Présence d'une fillette nue couchée sur un autel, elle était morte.* (PV 250 et 466, 08/01/97 et 16/01/97, Audition de T.J., page 260)

- *Elle est allée la première fois au château à 14 ans avec la Jaguar beige de V. (...) lors des pleines lunes (...) Elle écrit : En cercle autour du feu - il y a des cierges - tout le monde est debout sauf le bébé et le mouton - le bébé pleure (...) Elle décrit le meurtre du bébé et le mélange de son sang avec celui du mouton. Ensuite on brûle le bébé et le mouton et tout le monde « fait l'amour ensemble ». On arrache le coeur du bébé.* (PV 150.035, 30/01/97, Audition de N. W., page 756)

Les Abus Rituels et le Contrôle Mental dans la Maçonnerie

Définition

En dépit des preuves détaillées d'abus rituels venants de témoignages d'enfants, de familles, de survivants adultes, de policiers, de thérapeutes et d'associations travaillant avec des victimes, en dépit de la remarquable cohérence de ces rapports à la fois nationaux et internationaux, en dépit des ressemblances et des recoupements entre les différentes affaires et les divers témoignages, la société dans son ensemble résiste encore à croire en cette dure réalité des abus rituels. Il reste cette croyance erronée que les activités « sataniques » criminelles sont isolées et rares. Ce problème n'est pas nouveau, mais la société ne fait que commencer à reconnaître la gravité et l'étendue de ce phénomène.

Il existe plusieurs niveaux de pédocriminalité, par nature tous plus infects les uns que les autres...

Pour certains détraqués, il s'agit d'assouvir des pulsions sexuelles et cela ne va pas plus loin, tout en sachant que ces malades fonctionnent également en réseaux et peuvent interagir avec les groupes de types sectaires pour des intérêts communs. Pour d'autres détraqués « initiés », cela entre dans un cadre qui relève de l'occultisme, c'est-à-dire des pratiques qui interagissent avec l'invisible.

« Lorsqu'on enquête dans ce genre de dossiers, il faut aussi voir le côté occulte des choses, les assassinats rituels. Il est clair que ce sont des dossiers souvent discrédités et qui sont tellement horribles qu'on ne veut pas aller plus loin. Pour beaucoup, ces abus rituels sont inconcevables. Mais à partir du moment où l'on conçoit ce que ces actes recouvrent vraiment, on commence à comprendre que leurs auteurs ont séparé les notions de bien et de mal. On sait qu'il y a des sectes et des sociétés secrètes, qu'il y a un pouvoir occulte et un culte du pouvoir. Et il y a cette croyance que le bien et le mal n'existent pas, que le vrai pouvoir serait le dépassement du bien et du mal. Ces gens ne croient pas en une force transcendante à qui l'on doit rendre des comptes. Comme il n'y a pas de valeur, ni de Dieu, ni de responsabilité, je fais ce que je veux et ce qui me plaît. J'ai le pouvoir de vie et de mort sur qui je veux. Voilà comment s'organise ce type de sectes. Et cela existe… On peut dire qu'il y a deux types de pédocriminalité : le « simple » pédophile et le pédocriminel pervers avec ce côté rituel. » (Xavier Rossey in Alain Goossens et Hermès Kapf, « *Tous manipulés ? Avant, pendant, après l'affaire Dutroux* », Dossiers Secrets d'État, n°10, Août 2010, p. 5)

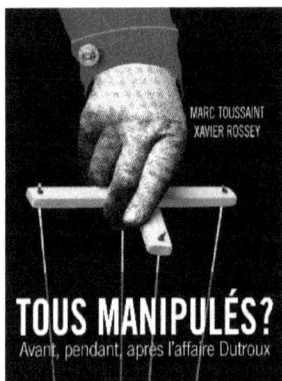

L'ex-magistrate Martine Bouillon décrivait la chose en ces termes lors d'un célèbre débat télévisuel faisant suite à une investigation explosive sur des abus rituels « *Viols d'enfants - la fin du silence* » :

- **On vient de comprendre que la pédophilie existait, on ne peut pas encore comprendre qu'il existe… encore pire que la pédophilie dirais-je « simple ».**

L'abus rituel peut être défini comme une méthode de contrôle des personnes de tout âge consistant en de mauvais traitements physiques, sexuels et psychologiques par l'utilisation de rituels.

Il s'agit d'agressions répétitives à la fois physiques et émotionnelles mais aussi spirituelles, combinées avec l'usage systématique de symboles, de cérémonies et de manipulations à des fins malveillantes, **généralement de contrôle mental ou programmation mentale.**

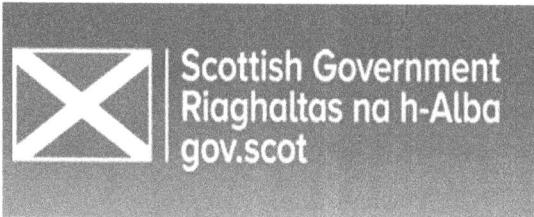

Scottish Government
Riaghaltas na h-Alba
gov.scot

Dans son Guide National pour la Protection de l'Enfance, le site officiel du gouvernement Écossais diffuse de l'information concernant les abus rituels : *L'abus rituel peut être défini comme des agressions sexuelles, physiques et psychologiques, d'une manière organisée, systématique et s'étalant sur une longue période de temps. Cela implique l'utilisation de rituels, avec ou sans croyances particulières. Généralement il s'agit d'agressions pratiquées en groupes. Les abus rituels commencent généralement durant la petite enfance et impliquent l'utilisation de modèles d'apprentissage et de développement visant à renforcer les abus et à réduire au silence les victimes* (ndlr : contrôle mental). ***Certains groupes organisés (réseaux) utilisent un comportement inhabituel ou ritualisé dans le cadre des abus rituels, parfois associé à des croyances spirituelles particulières.***

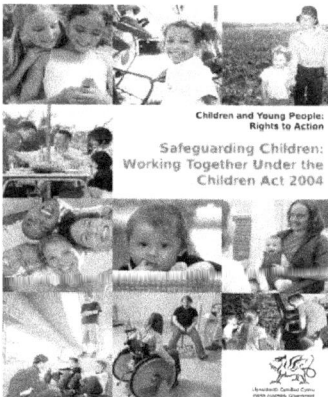

Children and Young People:
Rights to Action
Safeguarding Children:
Working Together Under the
Children Act 2004

En Grande Bretagne il existe un document du ministère de la santé dédié à la protection de l'enfance, il s'intitule *Working Together under the Children Act*. En 1991 le document décrivait : « *L'abus organisé est un terme générique qui concerne des abus impliquant un certain nombre d'agresseurs, un certain nombre d'enfants, et qui englobe généralement différentes formes d'abus (…)* **Certains groupes organisés peuvent avoir un comportement étrange et ritualisé, parfois associé avec des « croyances » particulières. Cela peut être un puissant mécanisme pour terrifier les enfants maltraités afin qu'ils ne divulguent pas ce qu'ils subissent.** »

En 2011 le journal *Trauma & Dissociation* (*International Society for the Study of Trauma and Dissociation*) a publié un dossier[5] francophone intitulé « *Lignes directrices pour le traitement du trouble dissociatif de l'identité chez l'adulte* ». Ce dossier contient un chapitre intitulé « *Abus organisés* » montrant que ce sujet des abus rituels est totalement lié au phénomène des troubles dissociatifs, en voici un extrait : « *Une minorité substantielle de patients souffrant de Trouble Dissociatif de l'Identité (TDI) fait état d'abus sadiques, d'exploitation, de coercition aux mains de groupes organisés. Il peut être organisé autour des activités de réseaux*

ASCA

Advocates for Survivors of Child Abuse

---

[5] https://www.isst-d.org/wp-content/uploads/2019/02/TraitementsAdultesEnFrancais.pdf

pédophiles, de la pornographie infantile ou dans les cercles de prostitution infantile, **divers groupes « religieux » ou cultes,** *des systèmes de famille multi-générationnels et des réseaux de trafic et de prostitution d'humains. L'abus organisé incorpore fréquemment des activités qui sont sexuellement perverses, horribles et sadiques, pouvant impliquer de la coercition sur l'enfant comme témoin ou participant à l'abus d'autres enfants.* **Les survivants d'abus organisés sont ceux parmi les plus traumatisés des patients dissociatifs. Certains de ces patients très traumatisés présentent une amnésie marquée pour une grande part de leur abus et l'histoire de l'abus organisé n'émerge qu'en cours de traitement. »**

En 2006, l'ASCA (*Advocates for Survivors Child Abuse*), une organisation australienne réunissant des avocats, a publié un rapport[6] intitulé *Ritual Abuse & Torture in Australia* (Abus rituels et torture en Australie), dont voici quelques extraits : *« L'abus rituel est un crime ayant plusieurs niveaux, dans lequel des familles dysfonctionnelles font bloc pour organiser ces crimes, ceci en exploitant les enfants dans un but lucratif. L'exploiteur et l'agresseur principal de l'enfant maltraité rituellement est le plus souvent un parent. Ces groupes d'agresseurs sont habituellement constitués de deux ou trois familles formant un réseau qui offre leurs propres enfants aux maltraitances infligées par les autres membres de ce réseau. Dans son livre « Trauma Organised Systems : Physical and Sexual Abuse in Families », Arnon Bentovim décrit ces familles comme un « système traumatique organisé » dans lequel de graves traumatismes définissent et façonnent la structure familiale et l'interaction entre ses membres.* **Les victimes grandissent depuis leur enfance dans un environnement où la violence, les abus sexuels et les traumas extrêmes sont la norme. Dans ce contexte d'exploitation sexuelle organisée, la violence et l'inceste commis par les agresseurs contre leurs propres enfants peuvent être vus non seulement comme un**

---

[6] http://ekladata.com/VDn_XpmtR0tVh9cHq38BrBeTybQ/Ritual-Abuse-and-Tortute-in-Australia-ASCA.pdf

comportement sadique, mais aussi comme une sorte de formation à ces pratiques d'exploitation sexuelle. »

Beaucoup de victimes ou de bourreaux qui ont été sous l'influence de ces pratiques extrêmement traumatiques durant l'enfance et l'adolescence développent de sévères troubles dissociatifs ; y compris un syndrome de personnalité multiple (Trouble Dissociatif de l'Identité[7]) qui est le niveau de dissociation psychique le plus extrême. Le bourreau peut donc être une seconde personnalité (un alter) de l'individu qui n'aura pas conscience de son fonctionnement à la **Dr Jekyll & Mr Hyde** en raison des murs amnésiques qui cloisonnent les différentes personnalités. Il peut être parfaitement intégré dans la société et sa personnalité publique ne laissera rien entrevoir de ses activités occultes et violentes. L'abus rituel visant le fractionnement de la personnalité est la pierre angulaire du contrôle mental, l'élément-clé pour soumettre, exploiter et réduire au silence les victimes.

Le Dr. Catherine Gould, reconnue internationalement pour son travail thérapeutique avec les enfants victimes de satanisme, a déclaré en 1994 dans le documentaire « *In Satan's Name* » de Antony Thomas *« Il y a certainement des banquiers, des psychologues, des gens des médias, des services de protection de l'enfance mais également des officiers de police, car ils ont plutôt intérêt à être présent dans tous ces milieux socioprofessionnels.*

---

[7] http://mk-polis2.eklablog.com/le-trouble-dissociatif-de-l-identite-tdi-trouble-de-la-personnalite-mu-p634661

Lorsque j'ai commencé ce travail, je pensais que les motivations derrière la pédophilie se limitaient au sexe et à l'argent, mais j'ai commencé à réaliser au cours de mes dix années de recherches que les motivations sont bien plus sinistres encore : **Les enfants sont abusés dans un but d'endoctrinement. L'abus rituel sur les enfants est un protocole servant à formater des humains à un culte. Il s'agit de formater des enfants qui ont tellement été abusés, tellement été soumis au contrôle mental qu'ils deviennent très utiles à la secte, à tous les niveaux... Je pense que le but de tout cela est d'obtenir le maximum de contrôle... »**

Dans son livre « *The New Satanists* », Linda Blood (Ancienne membre du Temple de Set et ancienne maîtresse du lieutenant-colonel Michael Aquino) rapporte le témoignage d'un certain Bill Carmody qui est le pseudonyme d'un instructeur supérieur du renseignement au FLETC (*Federal Law Enforcement Training Center*) : « *Carmody a enquêté pendant un certain temps sur des disparitions d'enfants qui semblaient reliées à des activités sectaires. En tant que membre d'une équipe spécialisée, il a mené une enquête sur un réseau qui opérait dans plusieurs états du Sud-Ouest des États-Unis. Carmody a ainsi pu infiltrer au total trois cultes satanistes criminels. Carmody a déclaré à propos de ces sectes :* « **Celles qui sont les plus sérieuses sont celles qui sont les plus dissimulées et couvertes, en effet ces clans ont des organisations très sophistiquées tout en ayant les meilleurs moyens de communication, il s'agit d'un réseau international. »**

Bill Carmody affirme que ces groupes se livrent au trafic de stupéfiants, d'armes et d'êtres humains, ainsi qu'à la pédo-pornographie (...) Selon lui, les cultes criminels les mieux organisés sont dirigés par des gens intelligents et très éduqués,

il s'agit de personnes venant des classes supérieures de la société où elles occupent des postes importants dans leur communauté, des positions dites respectables. Ces groupes sectaires constituent une sous-culture très secrète qui relève de la pègre au sens le plus large. Ils sont généralement composés de membres de familles transgénérationelles dont les liens de sang aident à maintenir le silence et le secret. »

UTAH ATTORNEY GENERAL'S OFFICE
Jan Graham, Attorney General

Ritual Crime in the State of Utah

En 1992, le bureau du procureur général de L'Utah aux USA avait mis en place une unité consacrée aux crimes/abus rituels (*Ritualistic Abuse Crime Unit*), en lien avec l'unité chargée des abus sur mineur (*Child Abuse Prosecution Assistance Unit*). Cette initiative gouvernementale a produit un rapport[8] de 60 pages intitulé « ***Ritual Crime in the State of Utah*** » rédigé en 1995 par les enquêteurs Matt Jacobson et Michael King pour le bureau du procureur général. Le rapport définit ainsi les crimes rituels : « *L'abus rituel est une forme brutale d'abus sur un enfant, un adolescent ou un adulte, impliquant des violences physiques, sexuelles et psychologiques avec l'utilisation de rituels. Les abus rituels sont rarement isolés, il s'agit de violences répétées pendant une longue période de temps. Les violences physiques sont extrêmes, incluant de la torture, parfois jusqu'au meurtre. Les abus sexuels sont douloureux, sadiques et humiliants. Par définition, l'abus rituel n'est pas un crime impulsif, mais plutôt un crime malicieusement réfléchi* (…) *En conclusion, les dossiers de crimes rituels doivent être traités comme toute autre affaire. **Les enquêteurs sont encouragés à garder l'esprit ouvert lorsqu'ils ont à traiter avec des dossiers impliquant de l'occultisme, des croyances religieuses ou des activités criminelles rituelles** (...) **La formation et l'éducation concernant les multiples facettes des***

---

[8] http://www.saferchildren.net/print/utahag.pdf

abus rituels est nécessaire et devrait être d'une grande utilité à tous les échelons des forces de police. Les fonctionnaires de police devraient recevoir des instructions sur les éléments basiques des crimes rituels. Cette formation devrait inclure les types d'organisations impliquées dans des activités occultes, leurs buts ainsi que les symboles utilisés par leurs membres (...) Cette formation devrait inclure des informations sur la nature bizarre des abus rituels ainsi que sur les problèmes associés avec le trouble de la personnalité multiple, les amnésies et les mémoires refoulées, l'hypnose, etc. »

Témoignages

Selon les nombreux témoignages, tout porte à croire que ce « côté obscur » de la Franc-maçonnerie impliquerait du « **pédo-satanisme** » consistant à pratiquer les pires abominations sur de jeunes enfants. Les rituels servant de magie sexuelle pour les bourreaux qui font passer l'enfant par des traumatismes extrêmes servant « *d'initiation* » : c'est-à-dire provoquer de profonds états dissociatifs et ainsi » *déchirer son âme* », fractionner sa personnalité pour le contrôler totalement. Comme nous l'avons vu, Les rituels initiatiques traumatiques visant à créer de profonds états dissociatifs sont des pratiques psycho-spirituelles vieilles comme le monde. Ces sectes violentes qui maltraitent rituellement les enfants utilisent divers systèmes de croyances pour justifier leurs actes. Certaines de ces croyances sont fondées sur l'idée qu'il est nécessaire de comprendre et d'intégrer le Bien et le Mal pour atteindre l'*illumination spirituelle...* **Cela est typiquement Gnostique, le Relativisme Maçonnique permet d'effacer *in fine* toute notion de Bien et de Mal.**

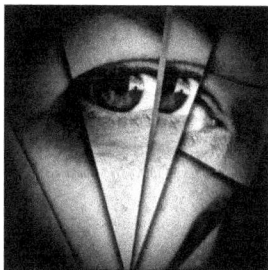

Comme nous l'avons vu, le traumatisme modifie la chimie du cerveau et change la perception de la réalité, il s'agit du phénomène de dissociation, utilisé par certains groupes d'occultistes pour une expérience dite « *Mystique* ». **Les**

Lucifériens provoquent donc volontairement ces souffrances chez l'enfant comme un processus d'inversion de la sanctification, c'est une contre-initiation visant à *déverrouiller* spirituellement la petite victime : la connecter à d'autres dimensions.

Le « G » de la Gnose, Obscurité VS Lumière

Bon nombre de participants à ces « *Bacchanales modernes* » baignent depuis leur enfance dans ces milieux et sont donc eux-mêmes pervertis et programmés depuis le plus jeune âge. Les états dissociatifs sont pour eux une véritable addiction et une forme de survie face à une réalité autrement insurmontable. Le problème étant qu'ils reproduisent généralement les pratiques *initiatiques* traumatiques - dans un schéma à la ***Dr Jekyll & Mr Hyde*** - sur leur propre descendance…

Caryn Stardancer
founder

Caryn Stardancer est une survivante d'abus rituels et de contrôle mental, mais aussi une activiste pionnière ayant co-fondé le groupe *Survivorship* qu'elle a dirigé pendant une décennie. Ce groupe d'entraide et de diffusion d'informations pour les victimes de sévices rituels et les thérapeutes est une référence aux États-Unis. En 1998, elle témoignait au micro de Wayne Morris sur la radio CKLN.FM de l'Université Polytechnique Ryerson de Toronto au Canada :

« *Je suis moi-même survivante, les sévices ont commencé dans les années 40, durant la Seconde Guerre mondiale. Certaines des choses que j'ai vues pour la première fois impliquaient des gens qui travaillaient dans l'armée et qui faisaient ce genre d'expérimentations.* **Il y avait aussi des connexions Maçonniques.** *À l'époque où j'ai commencé à recevoir les conseils d'un mentor (au sein du culte), on m'a parlé de l'occulte Panthéisme* (polythéisme, divination de la nature) *et de ce que cela signifiait exactement. Il existe toutes sortes de systèmes sous lesquels le contrôle de l'esprit peut être exercé. Ce que l'Occultisme Panthéiste signifiait fondamentalement, c'est que le système de croyances n'a pas d'importance, cela dépend de*

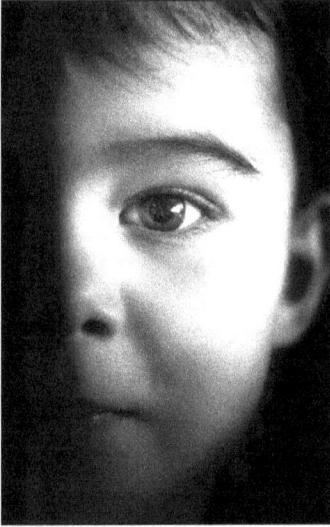

l'adaptabilité de la personne et de la façon dont elle réagit aux conflits de pouvoir. **La progression au sein du culte se faisant en fonction de votre capacité d'adaptation, vous ne saurez peut-être jamais qu'il existe un groupe plus grand, englobant, celui auquel vous appartenez** (la poupée russe initiatique ultra cloisonnée). *Vous pourrez y accéder selon votre capacité à évoluer dans le système mais aussi par certaines relations avec des personnes de ce système. Par exemple,* **les gens qui m'enseignaient l'Occultisme Panthéiste étaient directement impliqués dans ce que l'on appelle une secte Dionysiaque.** *On m'a expliqué que cela remontait à l'époque pré-chrétienne. Essentiellement, ce qu'ils faisaient était du chantage politique.* **L'utilisation des enfants, dressés pour le sexe, visait à les utiliser pour les photographier, ou filmer, avec des adultes dans un but de chantage** (les *pièges à miel* chers aux francs-maçons). *Dès ma naissance dans ce système transgénérationnel, il y a toujours eu des gens qui parlaient de la Tradition Occulte qu'ils remontaient directement au* **Dionysisme antique.** *Ils avaient toute une tradition occulte contenant certains faits historiques étant arrivés à leur culte.* **Cette secte Dionysiaque m'a appris qu'une des plus anciennes lois adoptées contre les abus rituels à Rome, à l'époque pré-chrétienne, a été faite contre ces mêmes sectes Dionysiaques qui étaient encore en activité durant les années 40 et 50, et qui le sont probablement encore aujourd'hui ! La raison pour laquelle des lois ont été érigées à leur encontre était qu'à l'époque on savait que leurs rituels intégraient des orgies sexuelles, des flagellations, des viols rituels sur des femmes et des enfants. Mais ce n'est pas la raison principale pour laquelle il y a eu des lois contre ces cultes, ces lois ont été rédigées en raison du fait que ces groupes**

pratiquaient leurs crimes à des fins de chantage politique. » (« Scandale des Bacchanales »)

Le témoignage de **Maude Julien** rapporte cette notion d'initiation par les traumatismes visant à faire accéder l'enfant à d'autres dimensions. Elle décrit dans son livre « *Derrière la grille* » comment son père, **un riche entrepreneur initié à la Franc-maçonnerie et ses secrets**, lui a fait subir un conditionnement extrême **visant à faire d'elle une** « *Déesse* » **sous contrôle mental, un robot lui obéissant au doigt et à l'œil**.

Maude Julien a subi un isolement social total durant quinze ans. Elle a été enfermée dans un carcan mental avec une formation de l'esprit et du corps pour faire d'elle un *Être supérieur*, une *Élue*. Son père l'obligeait par exemple à tenir un fil électrique en prenant des décharges, les chocs électriques étant un moyen très efficace pour créer de profonds états dissociatifs. **Le but du père était de la rendre capable de** *circuler entre les univers* **et** *d'apprendre à communiquer avec les morts*… Cet initié franc-maçon avait visiblement connaissance du fonctionnement du psychisme humain face aux traumatismes et au conditionnement extrême et s'employait à expérimenter cela sur sa fille…

Dans une interview télévisée avec Thierry Ardisson en 2014, Maude Julien a déclaré : « *Le but de mon père était effectivement de faire de moi un « sur-être », il avait pour moi une mission capitale. Et pour cela il fallait que j'aie un*

entraînement physique et psychique pour que l'esprit soit plus fort que la matière. »

Maude Julien a confié qu'elle avait **une amnésie traumatique concernant des cicatrices sur ses cuisses et sur sa poitrine. Elle ignore quelle en est l'origine…**

- Thierry Ardisson : *Et puis il y a la cave… alors là c'est assez violent, c'est-à-dire qu'**il vous réveille en pleine nuit et il vous met assise sur une chaise dans une cave.***

- Maude Julien : *Toujours pour ne pas bouger. Mais le but de cette mission capitale à laquelle il me vouait, c'est que **je devais être capable de circuler entre les univers, apprendre à communiquer avec les morts**…*

- Thierry Ardisson : *Il y a le test de l'électricité aussi, c'est incroyable. **Il vous demande de tenir un fil électrique et de prendre des décharges pendant dix minutes.***

- Maude Julien : *Quand il y a les décharges il ne faut pas réagir.*

- Thierry Ardisson : *À huit heures vous allez réveiller votre père, **et là vous devez tenir son pot de chambre pendant qu'il urine** (…) **le plus troublant quand même, ce sont ces cicatrices sur les cuisses et sur la poitrine dont vous ne connaissez pas l'origine. Ce sont des rites initiatiques vous pensez ?***

- Maude Julien : *Ce qui est certain pour les médecins, c'est qu'elles n'ont pas été faites par des professionnels de la santé, ce qui exclut la thèse de l'accident et j'ai bien peur de ne jamais le savoir…*

Est-ce les enseignements occultes des hautes loges Maçonniques qui inspirent de tels projets pour créer des « *Êtres Supérieurs* », asservis et traumatisés pour devenir des

médiums connectés à d'autres dimensions ? Les traumatismes extrêmes provoquent de profonds états dissociatifs qui « *déverrouillent* » spirituellement l'enfant, permettant la connexion à d'autres dimensions. Existe-t-il d'obscurs rituels Maçonniques dont le but serait en quelque sorte d'initier l'enfant, c'est-à-dire créer chez lui une « illumination » lors de la dissociation ? Jusqu'où peut aller un initié pour recevoir la lumière... ou bien pour la donner à quelqu'un d'autre ? Pour initier un enfant par exemple ? Un enfant torturé et violé lors des rituels se retrouve en état de profonde dissociation, c'est-à-dire qu'il devient lui-même une porte ouverte vers d'autres dimensions... Dans un tel état de transe dissociative, l'enfant serait-il une sorte de pont, un médium faisant l'intermédiaire pour relier le monde terrestre et le monde des esprits et pouvant ainsi servir d'outil aux pires des occultistes ?

Margaret Smith, l'auteur du livre de référence « *Ritual Abuse : what it is, why it happens and how to help* », elle-même survivante d'abus rituels rapporte la présence d'une certaine philosophie gnostique derrière les sévices, mais aussi la présence de francs-maçons, d'insignes maçonniques ou de cérémonies de types maçonniques lors des sévices rituels traumatiques. Margaret Smith publie dans son livre certaines statistiques sur la Franc-maçonnerie et les abus rituels, on peut y lire :

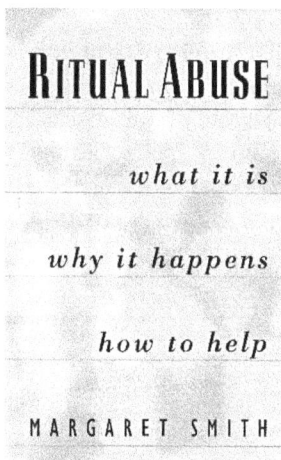

RITUAL ABUSE

what it is

why it happens

how to help

MARGARET SMITH

« *Les survivants ont également signalé dans cette étude un lien entre appartenance de l'agresseur à une société secrète et pratique des abus rituels. 67% des survivants ont déclaré que leurs agresseurs étaient membres de sociétés secrètes ou d'organisations fraternelles. 33% ont déclaré que les membres de leur famille pratiquant les sévices étaient des francs-maçons.* » (Ritual Abuse, Margaret Smith, 1993 HarperSanFrancisco)

L'étude de **Caren Cook** intitulée *Understanding Ritual Abuse : A study of thirty-three ritual abuse survivors. Treating Abuse Today*, qui a été menée sur 33 victimes d'abus rituels issues de 13 États différents, rapporte que ces survivants ont mentionné deux organisations principales auxquelles appartenaient leurs agresseurs : la Franc-maçonnerie (27%) et les Chevaliers de Colomb (9%). Les autres groupes mentionnés étaient l'Ordre de l'Étoile Orientale, les Shriners et les Rose-Croix.

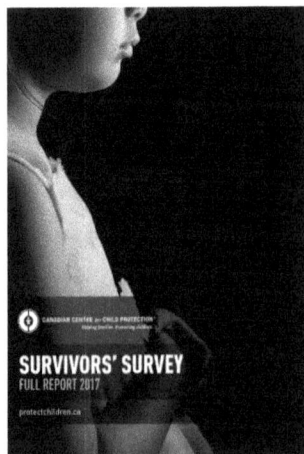

Le *Centre Canadien de Protection de L'Enfance*, organisme national de bienfaisance, note dans son rapport de 2017 intitulé *Survivors Survey Full Report* une série de lieux où se passent les sévices pédocriminels. Parmi les endroits désignés par les victimes interrogées pour cette étude, on peut y lire à la page 44 : « *à la loge Maçonnique à laquelle ils appartenaient tous.* »

Le sociologue canadien **Stephen Kent**, spécialisé dans les déviances de cultes religieux, a rencontré de nombreuses personnes qui ont témoigné avoir subi des abus rituels de type Maçonnique, notamment des enfants de francs-maçons :

« *Dès le début de mes recherches, des gens arrivaient avec des témoignages dont certains étaient liés avec des « dérives » Maçonniques. **Certaines personnes affirmaient que leur père avait été franc-maçon et que les abus étaient liés à une loge et à ses membres. Parfois, les violences semblaient avoir eu lieu à l'intérieur même des loges Maçonniques.** Ces apparitions de la franc-maçonnerie dans un nombre assez important de témoignages m'ont laissé vraiment perplexe (...) La Franc-maçonnerie ne contient pas de figure démoniaque comme on peut trouver dans le Christianisme avec cette notion rigide de Dieu vs Satan. J'ai cependant trouvé quelques mentions de Lucifer, mais surtout le sens de certains rituels de niveau supérieur, où Dieu apparaît comme étant un triple personnage : **JAHBULON***

« *Jah* » *faisant référence à Jahweh,* « *Bul* » *faisant référence à Baal.* **Baal est une référence aux anciens dieux païens de la Bible, de l'Ancien Testament, exigeant des sacrifices d'enfants.** *Un franc-maçon ordinaire parlera du dieu Jahbulon sans vraiment avoir conscience de ce qu'il dit...* **mais il est possible que des francs-maçons déviants, ceux que j'appelle les** « **drogués du rituel** », **voient dans cette figure une combinaison du Bien et du Mal, la combinaison entre un dieu supérieur et un dieu qui exige des sacrifices d'enfants** (...) **Je sais que certaines personnes ayant fait ces accusations parlaient de francs-maçons de degré très élevé** (...) *Une fois que j'ai commencé à étudier la question Maçonnique, j'ai découvert qu'il y avait des personnes dans toute l'Amérique du Nord qui affirmaient avoir été rituellement maltraitées par des francs-maçons. Un certain nombre d'organisations basées aux États-*

Unis insistent particulièrement sur le fait que des francs-maçons pratiquent l'abus rituel. Au Canada, il existe une organisation dont la dirigeante est absolument convaincue qu'elle est une survivante d'abus rituels Maçonniques. Alors quand j'ai découvert que les témoignages qui m'arrivaient faisaient partie d'un contexte nord-américain beaucoup plus vaste, je suis devenu beaucoup plus intrigué par ces accusations particulièrement récurrentes (...) Ce sont certains groupes « déviants » de la Franc-maçonnerie qui me préoccupent le plus. **Pour moi, il est tout à fait plausible d'imaginer que des francs-maçons déviants puiseraient dans certains écrits extrémistes d'Aleister Crowley ou interpréteraient à la lettre certaines de ses déclarations sur les enfants et le sexe, ou encore certaines de ses affirmations sur le sacrifice d'enfants ou d'adultes, pour les intégrer à leurs rituels. »** (Interview with Dr. Stephen Kent, Wayne Morris, CKLN-FM - Mind Control Series Part 13)

Stephen Kent a également écrit : « ***Il convient de mentionner que les francs-maçons sont souvent disposés à louer leur loge à des personnes ou organisations appropriées, et que peu de questions, voire aucune, ne seraient posées à un « Frère » qui utiliserait les installations (avec quelques « associés ») de temps à autre… Des rituels sataniques pourraient avoir lieu dans des Loges Maçonniques (comme le prétendent certains survivants dans leurs témoignages) sans que les membres respectables ne sachent quoi que ce soit à ce sujet là.*** » (*Deviant Scripturalism and Ritual Satanic Abuse Part Two : Possible Masonic, Mormon, Magick, and Pagan Influences* - Stephen Kent, 1993)

Svali
Former "Satanic Cult" Member

Comme indiqué en introduction du document, **le secret et le cloisonnement strict de la Franc-maçonnerie est un danger pour elle-même**, car il lui est impossible de certifier que de telles pratiques occultes et criminelles n'impliquent pas certains de ses membres…

La survivante américaine Svali a rapporté : « *Pendant treize ans, les sévices ont parfois eu lieu dans un temple Maçonnique à Alexandria, en Virginie. Certains de mes agresseurs étaient des francs-maçons, bien que la plupart des membres de cette loge ignoraient que certains d'entre eux l'utilisaient à cette fin.* » (*Cults that abuse* - Svali, 18/04/2000)

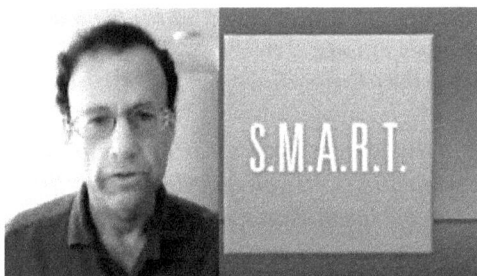

Neil Brick, lui-même survivant et fondateur du groupe américain S.M.A.R.T. (consacré à la diffusion d'informations relatives aux abus rituels et au contrôle mental) a déclaré :

« *Je pense que la Franc-maçonnerie est une des plus grandes organisations responsables d'abus rituels sataniques dans le monde. Sa connexion remonte jusqu'au gouvernement (fédéral et local), ainsi que jusqu'à certaines institutions économiques du pays… Je suis né chez les francs-maçons.* » (« *Surviving Masonic Ritual Abuse* » - Neil Brick, magazine *Beyond Survival* 07/1996)

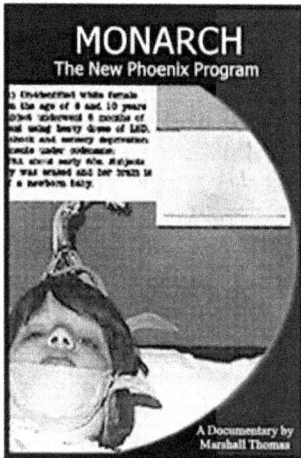

Voici un extrait du livre de Marshall Thomas « *Monarch, The New Phoenix Program* », reliant la Franc-maçonnerie aux Abus rituels / Contrôle mental :

La grande majorité des francs-maçons joignent et subissent des rituels qui semblent n'avoir aucun sens ; c'est seulement lorsque l'on rentre dans les niveaux les plus élevés, le cercle dans le cercle si vous voulez, que ce savoir secret sur ce qu'est véritablement cette organisation et ses rituels est révélé. Cette connaissance est communiquée à une sélection de quelques personnes qui atteignent le 32° et au-delà. Ce que sont ces rites et cette organisation reste encore à prouver. La franc-maçonnerie est l'un des points communs les plus importants reliant entre elles les victimes d'abus rituels. Ces victimes de rituels traumatiques ont souvent subi des expérimentations de type MK-Ultra[9] dans l'enfance. Des milliers de personnes de différentes régions du pays, qui n'ont jamais été en contact les unes avec les autres racontent toutes globalement la même histoire : qu'elles ont été contraintes à participer à des abus rituels, comprenant des viols d'enfants et des sacrifices rituels. La cohérence de ces histoires, les liens entre abus rituels et MK-Ultra, semblent au début être une fiction, mais les témoignages des victimes sont très cohérents et la participation de francs-maçons de hauts degrés à ces pratiques a été répétée de nombreuses fois. Beaucoup de personnalités impliquées dans les expérimentations du MK-Ultra étaient des francs-maçons de hauts degrés, comme le Dr Sidney Gottlieb, George Estabrooks, Ewen Cameron et d'autres membres de la communauté des renseignements. Les francs-maçons ont été accusés de nombreuses choses au fil des années, mais il est probable que la franc-maçonnerie ait été infiltrée par

---

[9] http://mk-polis2.eklablog.com/mk-ultra-p634125

des membres de la CIA, liés au MK-Ultra, dans un effort de contrôler ce système fermé et avoir ainsi accès à des sujets expérimentaux. Le programme MK-Ultra a été déplacé hors des laboratoires vers ces systèmes fermés de différents types qui pourraient être manipulés et utilisés pour fournir un grand nombre d'enfants pour les expériences de contrôle mental et les opérations de chantage sans impliquer directement la CIA. » (sous-entendu : les réseaux maçonniques recèleraient d'enfants fractionnés/dissociés par les rituels traumatiques)

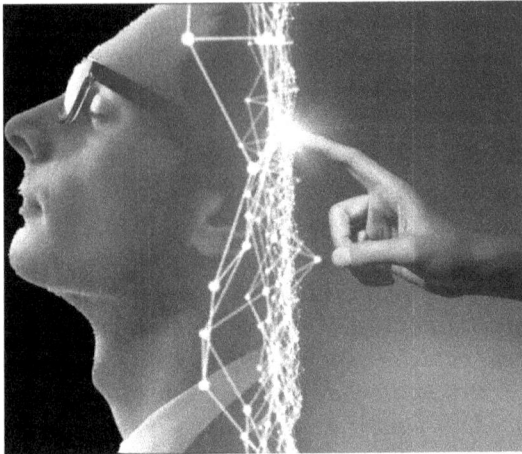

La survivante américaine du programme **MK-Ultra, Claudia Mullen**, ayant témoigné en 1995 devant la Commission Consultative Présidentielle sur les expériences impliquant l'irradiation d'êtres humains (dans le cadre de la programmation mentale), **a rapporté avoir participé à des soirées en loges Maçonniques lorsqu'elle était enfant.** Selon elle, les *médecins* qui travaillaient sur elle dans le cadre du MK-Ultra, l'envoyaient chez les francs-maçons dans le but précis de **renforcer ses états dissociatifs** en raison des traumatismes extrêmes qu'ils lui faisaient subir.

Elle décrit des orgies pédocriminelles au sein même de la Loge :

« *Ils connaissaient dès le début mes facultés dissociatives et ils l'ont exploité au maximum. Parce que plus vous vous fractionnez / dissociez, et plus il est facile pour eux de dissimuler ce qu'ils font. Ils créaient les circonstances traumatiques nécessaires à la dissociation, notamment en m'envoyant dans une loge maçonnique, pour une « fête ». Ils m'y envoyaient en sachant que quelque chose d'horrible allait m'arriver... Ils savaient alors que j'allais me fractionner / dissocier... Je me suis souvenu en premier de l'inceste, des trucs incestueux à la maison... Puis de manière progressive des rituels... Je suis allée à deux « fêtes » Maçonniques dans une loge. **Ces gens deviennent fous lors de ces soirées, ils se saoulent... Ils vous font tourner... C'est horrible ce qu'ils font... Ils vous faisaient faire des trucs sexuels, mais aussi regarder les autres le faire. Tout ce que vous pouvez imaginer, même avec des animaux... et vous deviez regarder ça... C'est aussi traumatisant que de le subir soi-même. Vous êtes un enfant, et vous devez rester là à regarder un gamin deux fois moins âgé que vous se faire torturer ou violer, etc...***

C'est aussi traumatisant que de le subir soi-même. Ensuite ils vous donnent le choix : vous pouvez prendre leur place... Vous devez décider si cela sera vous ou elle... et si vous décidez de ne pas le faire, vous devez vivre avec la culpabilité que cela soit arrivé à l'autre parce que vous en aviez décidé ainsi. Dans un sens comme dans l'autre, ils vous tiennent... Vous êtes généralement foutus, il n'y a aucune issue à ce genre de situations. » (Interview with Claudia Mullen, Wayne Morris, CKLN-FM - Mind Control Series Part 7)

 L'australienne **Kristin Constance** a témoigné publiquement avoir été victime d'abus rituels et de contrôle mental. Ses bourreaux n'étaient autres que ses propres grands-parents, fondateurs d'une loge Maçonnique féminine de l'*Ordre de l'Étoile Orientale*. Voici ce qu'elle a déclaré lors d'une conférence organisée par le groupe S.M.A.R.T. en 2011 :

» *Mon grand-père était un franc-maçon du 33ème degré, il était rattaché à plusieurs loges. Lui et ma grand-mère avaient fondé une loge de l'Ordre de l'Étoile Orientale dans la banlieue de Sydney. J'ai été en thérapie pendant 20 ans... La partie la plus difficile de mon rétablissement a été de guérir d'une programmation mentale basée sur les couleurs et sur l'exploitation de la partie gauche ou droite de mon corps. Cette programmation provoquait régulièrement une dissociation chez*

*moi (…) Mon premier psychiatre m'a diagnostiqué avec un trouble de personnalité limite (« Borderline »). Mais elle a rapidement rectifié le diagnostic en Trouble Dissociatif de l'Identité (T.D.I.) lorsque des personnalités alter ont commencé à émerger (…) Ma sœur, qui a 7 ans de plus que moi, se souvient également avoir subi des abus rituels. Un jour, lorsque j'avais 26 ans, **elle m'a demandé si je me souvenais des chambres souterraines, je lui ai répondu que oui… Elle m'a ensuite demandé si je me souvenais des enfants qui criaient, j'ai répondu que non mais que je savais qu'ils étaient là à côté, dans d'autres pièces** (…) Il y a 17 ans, lorsque j'ai confronté ma mère et mon père sur le sujet des abus rituels, ma mère m'a répondu qu'elle n'était pas impliquée là-dedans mais elle m'a remis la valise avec tout l'attirail Maçonnique de mon grand-père. Elle s'est excusée de ne pas avoir été une bonne mère pour moi. Je pense que ce sera la seule réponse que j'aurais d'elle concernant les abus rituels. Cette valise m'a confirmé beaucoup de choses. Il y avait des papiers avec des mots de passe, des signes de mains et des informations pour les rituels Maçonniques. Il y avait aussi les tabliers, les bijoux et les médailles que mon grand-père et ma grand-mère portaient lors des réunions (…)*

***Je me souviens avoir été mise en cages, je me souviens des électrochocs, des scarifications, des viols, des prises de photos, de la drogue, de l'hypnose, des privations alimentaires / lumière / oxygène / sommeil. J'ai aussi été enfermée dans un cercueil avec des araignées. J'ai participé à des rituels en intérieur mais aussi en pleine nature. J'ai été attachée sur des autels. J'ai participé à des simulacres de mort et de renaissance. Je me souviens de trappes souterraines dans les salles mais aussi d'avoir été d'innombrables fois réveillée au milieu de la nuit pour être emmenée aux rituels. J'ai été tailladée, percée, piquée afin que mon sang soit utilisé dans les rituels** (…) La programmation par les couleurs que j'ai subi avait liou dans des chambres souterraines. Chaque pièce avait une couleur différente, correspondant à différentes programmations. Les couleurs semblaient correspondre à celles de l'Étoile Orientale : bleu, jaune, blanc, vert, rouge et noir pour le centre.*

La chambre rouge avait une lumière rouge, un brancard, une table pleine d'instruments de torture et un équipement pour les électrochocs. Dans cette pièce, le côté droit de mon corps était recouvert tandis que le côté gauche subissait les tortures électriques. Des électrodes étaient placées sur mes articulations, ce qui provoquait une douleur paralysante que je ressens encore aujourd'hui. On me chuchotait des choses à l'oreille gauche et des décharges électriques étaient appliquées sur mes tempes (...) Dans la chambre bleue, il y avait une lumière bleue, un brancard, un équipement pour les électrochocs, des sceaux et un évier. Le côté gauche de mon corps était recouvert, et c'est le côté droit qui recevait des chocs électriques. Ici, les décharges étaient appliquées sur mes muscles (...) Le Rouge concerne l'esclavage sexuel et les rituels de sang. Je ne sais pas si chaque personne programmée par des francs-maçons reçoit ce type de protocole basé sur les couleurs. Je soupçonne que selon le type de personnalité, certaines couleurs seront accentuées et travaillées plus que d'autres. Peut-être que les dates de naissance influencent les couleurs choisies. Je ne comprends pas ce qu'ils essayent de faire ou de créer... Je me demande vraiment quelle est la ligne directrice qu'il y a derrière tout cela. » (Kristin Constance - *Alleged Ritual Abuse by Freemasons and Order of the Eastern Star in Australia* - S.M.A.R.T. 2011)

Le **Trouble Dissociatif de l'Identité** (T.D.I.), ou fractionnement de la personnalité en multiples alter, est volontairement provoqué par les rituels traumatiques visant le contrôle mental. Selon le *Manuel diagnostique et statistique des troubles mentaux* (DSM), le T.D.I. implique « *la présence de deux ou plusieurs identités ou « états de personnalité » distincts qui prennent tour à tour le contrôle du comportement du sujet, s'accompagnant d'une*

incapacité à évoquer des souvenirs personnels. » La cause est presque toujours un important traumatisme de l'enfance. Typiquement les patients présentent des amnésies dissociatives, aussi appelées **Amnésies Traumatiques**. En étudiant de plus près la question du T.D.I., on comprend aisément que les fonctions naturelles dissociatives et amnésiques de l'esprit humain peuvent être exploitées dans un but de manipulation et d'exploitation de l'individu. **Il s'agit là d'une véritable science psychiatrique parallèle, qui mise entre de mauvaises mains devient une science traumatique et une arme de contrôle mental indétectable.** Si ce trouble de la personnalité fractionnée avec ses murs amnésiques n'est pas - ou si peu - enseigné dans les facultés de médecine et qu'il est systématiquement controversé et décrédibilisé par une élite d'*experts*, c'est pour la simple raison qu'il est l'axe principal du contrôle mental pratiqué par certaines organisations occultes dominantes.

La psychothérapeute allemande **Michaela Huber** décrit ainsi les méthodes de programmation mentale sur les enfants dissociés par les traumatismes extrêmes à répétition : « *Nous avons constaté que de nombreux agresseurs allaient jusqu'à torturer les enfants, avec des méthodes telles que la faim, la soif, l'enfermement, la*

*douleur extrême avec des chocs électriques, des aiguilles plantées partout. Je ne veux pas entrer ici dans les détails. Un collègue disait un jour que **ces groupes exercent une « Terreur physique sans entraves »**, c'est-à-dire de la torture. **Ceci a pour but spécifique de diviser / fractionner les enfants. L'enfant entre alors dans un état dissociatif. Vous pouvez le constater très rapidement lorsque les yeux de l'enfant deviennent vitreux, qu'ils se ferment ou se perdent dans le vide… La douleur disparaît et l'enfant se fige et se détend. C'est ainsi que ces criminels créent certaines personnalités alter (T.D.I.).** »* (Wir sind die Nicki(s) - ze.tt, 2020)

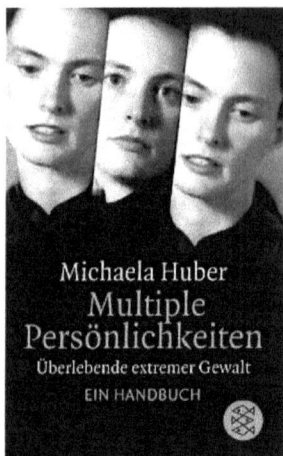

Dans un de ses ouvrages, Michaela Huber définit ainsi le contrôle mental basé sur les traumatismes : « *La programmation dans le contexte traumatique est un processus que l'on peut décrire comme un apprentissage sous la torture. La métaphore « **programmation** » est certainement d'origine informatique et représente dans ce contexte, ce que les psychologues appellent un **conditionnement**. Ce qui veut dire que la personne qui a été « programmée » doit réagir de manière stéréotypée à certains stimuli. La réaction de la personne à un stimulus est dans ce cas automatique, donc il ne s'agit ni d'un réflexe naturel ni d'une réaction consciente et volontaire. **Pour arriver à ses fins, le programmeur, que j'appellerai le bourreau, a utilisé le fait que sa victime soit un jeune enfant, de préférence déjà dissocié, à la personnalité fractionnée, pour effectuer l'apprentissage en le torturant.** La torture peut comprendre des abus physiques, sexuels, émotionnels et souvent on menace la victime qu'elle va mourir si elle n'est pas obéissante. Une fois qu'une victime a été*

programmée, il est possible de la contrôler avec les stimuli qu'on lui a 'implantés'. » (« *Multiple Persönlichkeit, Überlebende extremer Gewalt* », *Ein Handbuch - Fischer*)

En 2009, le **Dr. Lowell Routley** a décrit ce type de contrôle mental lors d'une conférence à Genève au congrès annuel international de l'*ICSA* (*International Cultic Studies Association*), voici un extrait de l'introduction : « *Ces survivants ont appris à se dissocier à un très jeune âge lors de certaines pratiques transgénérationnelles transmises au sein des familles.* **L'utilisation d'une socialisation traumatique est destinée à compartimenter l'esprit de l'enfant, à maintenir le secret et à entretenir un statu quo. L'asphyxie, la privation, l'isolement et la douleur sont connus comme étant des moyens de dissocier l'enfant, d'assurer une certaine conformité comportementale, de supprimer son autonomie et son identité, de créer une amnésie concernant les activités anormales, ainsi qu'une loyauté incontestable (...) la terreur maintient et renforce le cloisonnement dissociatif. Le degré de dissociation qui en résulte dans l'esprit de la victime est déterminé par l'âge auquel est apparue cette socialisation traumatique, sa fréquence et son intensité.** » (*Restoring The Lost Self : Finding Answers to Healing from Traumatic Socialization and Mind Control in Twenty-first Century Neurocognitive Research*)

La canadienne **Lynn Moss-Sharman**, survivante et fondatrice de l'association et du journal du même nom « *The Stone Angels* », porte-parole de ACHES-MC Canada (*Advocacy Committee for Human Experimentation Survivors & Mind-Control*), a déclaré dans une interview avec Wayne Morris en 1998, que la **Franc-maçonnerie est un dénominateur commun dans les témoignages d'abus rituels et de contrôle mental** : « *Nous avons réalisé qu'un grand pourcentage des victimes avait également été impliquées dans **l'abus rituel Maçonnique. Leurs pères ou leurs grands-pères étaient des francs-maçons ou des***

Shriners (Rite Écossais), cela dans différentes régions du pays. Nous avons commencé à regarder cela de beaucoup plus près parce qu'il semblait y avoir un dénominateur commun. Des audiences avaient été menées à Washington en 1995 et des survivants d'expérimentations sur le contrôle mental durant l'enfance ont témoigné, c'est alors devenu un dossier public. Nous étions alors en mesure de présenter publiquement les informations sur les pratiques de contrôle mental qui avaient été décrites par certains survivants... La connexion avec l'armée a commencé à se faire, et de nouveau la Franc-maçonnerie était un dénominateur commun. La recherche menée par le Dr Stephen Kent, sociologue à l'Université de l'Alberta, qui étudie les pratiques occultes et les religions déviantes, a montré que la Franc-maçonnerie semble être la société secrète qui revienne encore et encore lorsque ces activités occultes sont exposées dans les témoignages de victimes ou d'enquêteurs. Nous avons mis en avant ces informations concernant la Franc-maçonnerie, et nous l'avons payé de bien des manières (…) Il y avait des conversations à ce sujet qui ont eu lieu lors des réunions, la crainte concernait cette connexion Maçonnique. J'ai mis quelques petites annonces dans le « Globe & Mail » à ce propos ainsi que pour annoncer les conférences à venir. Ces quelques mots qui parlaient de la connexion Maçonnique ont généré des appels téléphoniques et des lettres de victimes venant de tout le Canada. Des gens qui se décrivaient eux-mêmes comme des survivants d'abus rituels Maçonniques, vivant encore dans la terreur. C'était toujours des filles de francs-maçons du Rite Écossais, des filles de Shriners. Des quatre coins du Canada, ces personnes ont commencé à témoigner sur des souvenirs de ce qui pourrait être décrit comme de l'expérimentation sur le contrôle mental. Cela a commencé à se manifester en novembre 1994. Lorsque la

conférence de Thunder Bay a attiré l'attention des médias - il y a eu en effet une grande couverture médiatique pour cet événement - le premier ministre Bob Rae a reçu des fax provenant de francs-maçons de toute la province, se plaignant de ce que l'association « The Stone Angels » faisait à Thunder Bay (…) ce fut un tollé public chez les francs-maçons car ils n'étaient pas autorisés à assister à nos conférences… (Interview with Lynn Moss Sharman, Wayne Morris, CKLN-FM - Mind Control Series Part 16)

Les informations suivantes sont extraites d'un résumé de la thèse d'**Ann-Marie Germain** « *Ritual Abuse, Its Effects and the Process of Recovery Using Self Help Methods and Resources and Focusing on the Spiritual Aspect of Damage and Recovery* », présentée le 30 mars 1993 à l'Université du Sud de l'Illinois à Carbondale (USA) : « ***Mon père était un franc-maçon du 32ème degré et un Shriners.*** *La plupart des conversations entre lui et moi à l'âge adulte ont eu lieu entre 1974 et 1977 ; en voici un extrait :*

Lui (le père) : *Ils font des choses dans les temples qui ne peuvent pas être faites dans une loge.*

Moi (Ann-Marie) : *Quel est le problème avec ça ? Quel genre de choses ?*

Lui : *Je ne peux pas te le dire... Ils font des choses mauvaises et tout est gardé secret.*

Moi : *Qu'est-ce qui ne va pas papa ?*

Lui : *Je suis désolé Ann... Je suis vraiment désolé. Je ne savais pas. Je ne savais pas à quel point le mal était fait.*

Moi : *Désolé pour quoi ?*

Lui : *Tu ne te souviens vraiment pas ? Non ?*

Moi : *Eh bien je ne sais pas quoi dire, puisque je ne sais pas de quoi tu parles...*

Plus tard :

Lui : *J'ai besoin de toi pour me pardonner...*

Moi : *Pourquoi ?*

Lui (les larmes aux yeux) : *Je ne peux pas te le dire...*

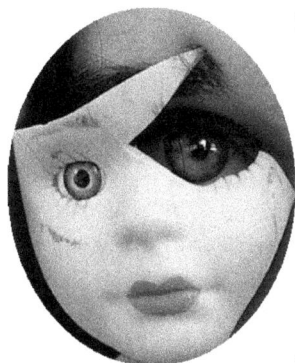

Nous pouvons penser que le père sous serment du secret Maçonnique ne pouvait révéler ces choses-là pour se faire pardonner, tant que sa fille n'en avait pas elle-même pris conscience en accédant à ses mémoires traumatiques (amnésiques). Ann-Marie Germain a rapporté certaines de ses mémoires traumatiques qui lui sont remontées : *‹ L'année dernière, au cours d'un traitement médical pour l'inflammation de mon œil droit, un souvenir m'est revenu dans lequel mes agresseurs me piquaient l'œil en me disant qu'ils me l'avaient retiré et qu'ils ne le remettraient pas en place avant que je ne voue obéissance perpétuelle au « Dieu Pénis »* (culte phallique). *J'avais déjà vu des globes oculaires disparaître et je savais qu'ils ne plaisantaient pas... donc j'ai promis. »* Ann-Marie Germain a également décrit une mémoire traumatique où, enfant, elle était au fond d'une tombe… ou encore un rituel avec chants, robes à capuche, encens et torches.

Le témoignage de **Lynn Brunet** est particulièrement intéressant car elle met le doigt sur la question de la **double personnalité des bourreaux** qui pratiquent les rituels traumatiques et le contrôle mental sur les enfants. **Son père qui était lui-même franc-maçon et rosicrucien a abusé d'elle lorsqu'elle était toute petite.** Voici quelques extraits de son témoignage : *« Alors que les années étaient passées, je me suis souvenue des abus sexuels de mon père lorsque j'étais enfant (...) Je découvrais aussi que les abus sexuels et l'inceste étaient tissés à travers l'histoire de la famille sur au minimum trois générations (...) De l'extérieur, ma famille semblait tout ce qu'il y a de plus normal,* *mais le poids accumulé de cette histoire familiale, chargée de traumatismes et de tensions, était un lourd fardeau à porter pour chaque génération (...) Au cours de ces dernières années, alors que les énigmes de ma propre expérience étaient résolues, j'ai essayé de leur parler de ce que je me souvenais. Heureusement pour moi, ma mère a été capable de se rappeler la nuit où mon père m'a violé à l'âge de quatre ans et donc de valider les déclarations de sa fille. Cependant, l'abus rituel allait au-delà de leur compréhension, ce qui se comprend à bien des égards. En milieu d'année 2004, mon père a commencé à développer la maladie d'Alzheimer. Durant la période initiale des troubles, dans un état altéré de conscience, il a commencé à me parler du côté obscur de son implication maçonnique.* **Il m'a alors avoué qu'il était au courant de l'existence de certains groupes qui utilisaient les rituels Maçonniques dans des contextes de violence pour initier des enfants. Il m'a déclaré : « Il existe beaucoup de ces groupes, il y a beaucoup de gens qui sont au courant, mais ils n'en parlent pas car c'est embarrassant. »** *Il avait avec moi des alternances de conversations cohérentes dans lesquelles il me parlait de son implication avec d'autres hommes dans ces groupes. Parfois le soir, il parvenait à sortir de la maison de retraite et il se mettait alors à grimper aux arbres à la manière d'un militaire en mission pour, croyait-il, observer les activités du culte afin « de sortir les enfants de la secte ». Cette « mission stratégique » a duré pendant deux semaines jusqu'à ce qu'il ait cru avoir récupéré chacun des enfants. Après quoi il a semblé être très satisfait de ce qu'il avait accompli et tous les signes de son agitation intérieure se sont calmés (...)* **Les mémoires concernant les activités maçonniques irrégulières étaient**

clairement à attribuer à une certaine partie de son psychisme qui normalement n'est pas accessible à la conscience et elles s'étaient peut-être à ce moment-là entrelacées avec ses expériences de guerre. Il est possible qu'en soulevant cette question-là, j'avais plongé mon père dans un conflit intérieur, ses pertes de mémoire ayant commencé juste après ma confrontation avec lui. Cependant, sa brève période d'honnêteté envers moi a sans aucun doute contribué à un processus de guérison mutuelle. Cette confession, combinée avec la connaissance de l'Ordre Maçonnique que j'ai pu acquérir, a réorienté mon attention afin qu'elle ne repose plus sur une colère envers l'homme lui-même. Je suis aujourd'hui amenée à comprendre les principes qu'il y a derrière ces pratiques « magiques » séculaires, qui divisent le psychisme de ces hommes en deux : d'une part des citoyens et des hommes dévoués, et de l'autre, la plus puérile, absurde et cruelle des créatures humaines. » (Terror, Trauma And The Eye In The Triangle - Lynn Brunet, 2007) - **Dr. Jekyll & Mr Hyde** –

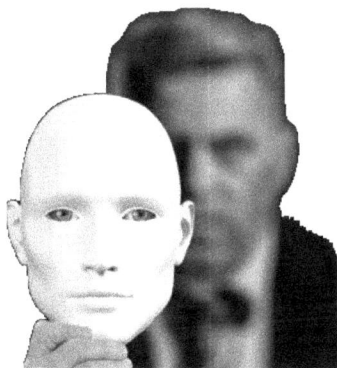

Le psychisme divisé en deux ou la **Voie du Caméléon**, cet animal qui change de couleur en fonction de son environnement. Cela est à mettre en lien avec **le phénomène de la personnalité multiple** où l'individu est capable de s'adapter à différentes situations avec des personnalités alter distinctes. La façade publique, bienveillante, étant non consciente (séparée par des murs amnésiques) des activités occultes de ses personnalités alter siégeant dans les profondeurs de son système interne.

Les survivants de contrôle mental rapportent souvent que leur famille (généralement de rang social élevé) mène une vie publique tout à fait normale et respectable, le père de famille ayant une personnalité publique particulièrement adorable, tandis que sommeille en lui une personnalité on ne peut plus sadique et criminelle…

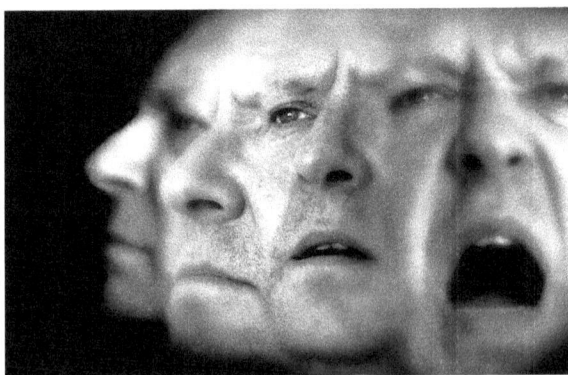

C'est le cas de **Cisco Wheeler**, collaboratrice de Fritz Springmeier, dont le père - franc-maçon du 33ème degré - avait une image extérieure resplendissante, aimant sa famille et faisant du bon travail au sein de l'armée. Mais en privé, son géniteur se révélait être un redoutable bourreau pratiquant la programmation mentale par les traumatismes sur sa propre descendance... D'après elle, il était lui-même « ***programmé multiple*** », c'est-à-dire qu'il avait subi dans son enfance des traumatismes extrêmes volontairement provoqués pour fractionner sa personnalité : « *Dès ma petite enfance, j'ai été entraînée à servir d'esclave sexuelle à ce que l'on appelle « l'élite » de la vie politique (...) Mon père était un génie à tous les niveaux, il avait un côté gentil... C'était un sataniste et un musicien. Il travaillait pour la CIA et il était franc-maçon du 33e degré. En passant, il faut savoir qu'il y a encore beaucoup de degrés au-dessus ! Il était prisonnier, comme je l'étais...*

Au fond de lui, il y a eu un moment dans sa vie où il a réellement su ce qu'il faisait. Extérieurement, mon père était très bien. Il aimait sa famille, il faisait du bon travail au sein de l'armée, il aimait les gens, et les gens l'aimaient. Mais je crois qu'il y a eu un déclic dans sa vie où il a été conscient de ce qu'il était et de ce qu'il faisait réellement en secret. Certaines barrières internes se sont brisées, au point qu'il a fini par réaliser... Mais je pense qu'il a cru que cela le dépassait complètement. Cela lui aurait coûté sa vie de changer de direction. Il était allé trop loin... » (Interview with Cisco Wheeler, Wayne Morris, CKLN-FM - Mind Control Series Part 22)

La survivante d'abus rituels et de contrôle mental **Kathleen Sullivan**, décrit dans son autobiographie les changements radicaux de personnalité (états dissociatifs) de ses parents lorsqu'ils maltraitaient leur fille : « *Chaque fois, elle utilisait un drap blanc pour me suspendre à une poutre. **Lorsqu'elle faisait cela, sa voix devenait celle d'une petite fille.** Elle semblait rejouer ce que quelqu'un lui avait fait subir lorsqu'elle était enfant. **Puis étrangement, sa voix devenait celle d'une personne âgée disant des choses horribles sur moi** (...) À plusieurs reprises, elle m'a aussi enfermé dans une caisse en bois au sous-sol. Parfois je restais des heures enfermée dans la douleur à l'intérieur de cette boîte exiguë. Lorsqu'elle descendait pour venir me chercher, elle me « délivrait et me sauvait » de cette caisse en me demandant comment j'étais arrivée là. **Elle ne semblait pas se souvenir et je n'arrivais pas à lui dire que c'était elle la responsable** (...) Papa, qui était ingénieur électricien, utilisait certains de ses outils sous tension pour me torturer au sous-sol.*

Dans ces moments-là, sa voix et ses expressions faciales changeaient. Il souriait étrangement et sa voix montait d'environ un demi-octave. Même s'il me blessait grièvement, je me sentais comme protectrice envers lui, parce que ce n'était plus un adulte dans ces moments-là. Dans chacune de ces situations traumatisantes, **le facteur révélateur était que mes parents devenaient comme des étrangers amnésiques. Ils faisaient des choses dont ils ne semblaient pas se souvenir par la suite. C'est pour cette raison que je pense que mes deux parents avaient des personnalités alter commettant des actes dont ils n'avaient pas pleinement conscience.** » (Unshackled : A Survivor's Story of Mind Control - Kathleen Sullivan, 2013)

Dans une interview avec Jeff Wells publiée en 2005, Kathleen Sullivan, qui a été exploitée sexuellement, déclare : « *Je connais plusieurs politiciens qui, en privé,* **régressaient dans des personnalités alter d'enfants** *(…) À ce moment-là, leur vocabulaire devenait plus simpliste et ils utilisaient davantage la pensée concrète plutôt qu'abstraite.* **Leurs voix et leurs visages devenaient également plus jeunes. Je n'aimais pas lorsqu'ils basculaient de la sorte, parce que ces alter enfants étaient brutaux et sadiques. Ils étaient plus susceptibles de perdre le contrôle d'eux-mêmes et de me faire des choses particulièrement horribles. Dans ces moments-là, ils oubliaient**

qui j'étais et me traitaient comme si j'étais une femme de leur vie passée qu'ils détestaient. »

Ces déclarations corroborent les témoignages de certaines prostituées de luxe rapportés dans l'ouvrage de Sam Janus « *A sexual profile of men in power* ». Cette étude se fonde sur plus de sept cents heures d'interviews de call-girls de luxe de la côte Est des États-Unis ; **dont les clients se trouvaient être d'éminents représentants du domaine politique, du monde des affaires, de la loi, et de la justice.** La plupart d'entre eux étaient adeptes d'une « *sexualité hautement perverse* » de type sadomasochiste et scatophile. **Selon les prostituées interrogées, un grand nombre de ces hommes extrêmement influents et ambitieux régressaient littéralement à un stade infantile suite aux séances. Ils voulaient par exemple être tenus dans les bras, téter et être traités comme des bébés...** (« *Pour une psychologie du futur* » - Stanislav Grof, 2009)

La survivante **Bryce Taylor,** auteur du livre « *Thanks for the Memories* », rapporte que son bourreau de géniteur avait également une personnalité de façade totalement insoupçonnable. Extérieurement, il se comportait comme un homme charmant, personne n'aurait pu soupçonner ce qu'il pouvait faire en privé, les tortures qu'il infligeait à ses enfants afin de les fractionner et de les programmer. **Lui-même souffrait de sévères troubles dissociatifs** : « *Je crois que mon père est devenu un « **programmé multiple** » à la suite des horribles rituels sataniques qu'on lui avait fait subir.* **Mais je ne crois pas qu'il était conscient de ce qu'il faisait quand il me programmait, toutes les parties (alter) n'étant pas conscientes de la totalité de ses actes.** *Je sais qu'il avait une **personnalité multiple**... Je l'ai vu basculer dans **des personnalités d'enfants** et toutes sortes d'entités au cours des années.* » (Interview with Brice Taylor, Wayne Morris, CKLN-FM - Mind Control Series Part 23)

La psychologue clinicienne **Ellen Lacter**, basée à San Diego en Californie, a déclaré en 2008 : « *J'ai entendu des témoignages incroyables concernant la Franc-maçonnerie, beaucoup de sévices horribles semblent se passer dans les loges Maçonniques. Il y a évidemment de nombreux individus puissants qui sont connectés à la Franc-maçonnerie et je crois que beaucoup d'abus rituels se produisent au sein même des loges. Maintenant je ne dis pas que tous les francs-maçons pratiquent ces horreurs, je ne pense pas. En fait, je n'ai aucun moyen de savoir si les abus rituels se produisant en loge Maçonnique, font en quelque sorte partie de la structure même de la Franc-maçonnerie, ou bien s'il s'agit d'individus qui utilisent cette structure pour leurs propres penchants.* **Toujours est-il que de nombreuses victimes, à mes yeux très crédibles, affirment que leurs agresseurs étaient d'importants francs-maçons.** »

En août 2007, **Samantha Cooper** a publiquement témoigné dans une conférence lors de la dixième rencontre annuelle du groupe S.M.A.R.T.. Cette survivante de sévices rituels intra familiaux, et de contrôle mental, a été diagnostiquée avec un trouble dissociatif de l'identité. Voici quelques extraits de son témoignage :

« *Mon grand-père paternel, mon arrière-grand-père, mon père et mon oncle étaient des francs-maçons de hauts grades. Mes mémoires concernant les expériences sectaires sont centrées sur ces personnes-là. Mon frère, ma sœur et moi étions impliqués dans des rituels de culte. Il y a eu de l'inceste avec les parents, mais des proches étaient également agresseurs, il y avait aussi de la pornographie juvénile. Le comportement de ma mère était totalement erratique, il était extrêmement difficile de vivre avec elle tant sa psychologie était instable et imprévisible. Mon père était absent de la maison la plupart du temps. Lorsqu'il était présent, son comportement fluctuait d'une attitude très énergique et attentive à une attitude de retrait, de distanciation et de silence, comme s'il n'était plus conscient des choses autour de lui (…) Je pense que les protocoles de contrôle mental ont débuté lorsque j'avais environ cinq ans. Je crois que mes parents ont été payés pour que ma sœur et moi, déjà dissociées, soyons soumises à ces programmes (…)*

*Les sentiments de peur et de honte qui sont attachés aux souvenirs et aux menaces infligées sur l'enfant que j'étais, sont des éléments très dissuasifs faisant en sorte que j'ai enfoui d'autant plus ces mémoires en moi. Il y avait des affirmations telles que « **Personne ne te croira** » ou encore « **Tu passeras pour une folle et on t'enfermera pour toujours** » ; « **Tu sais bien que nous contrôlons cet endroit** », etc. Une autre menace était que si jamais j'en parlais ou que je m'en souvenais, j'éclaterais « **en mille morceaux et personne ne pourrait plus jamais me reconstituer** », un argument convaincant pour une enfant déjà intérieurement polyfragmentée par les traumatismes (…) La peur a d'abord été instillée en moi par mes parents, puis renforcée par mes expériences traumatiques dans la secte, puis enfin affinée et réglée par les programmeurs et leur contrôle mental. Ces derniers profitent du manque de compréhension et de connaissances de l'enfant pour le manipuler et l'exploiter (…) **Je n'avais tout simplement aucun sentiment, ou souvenir, d'avoir été enfant** (…) **Le seul moyen que je connaisse pour gérer la dissociation et guérir du traumatisme de l'enfance est de traiter les mémoires traumatiques afin qu'elles deviennent des mémoires normales avec une chronologie sommaire. Ce processus est ce que j'appelle « construire les ponts »… Je construis des ponts entre mon passé d'enfant et mon présent d'adulte.***

En Angleterre, nous avons le témoignage d'**Aria** rapportant la participation de membres de la police britannique à des sévices sexuels organisés sur des enfants. À Londres, dans les années 90, **Aria raconte avoir été contrainte par son père de participer à des cérémonies se déroulant dans des loges Maçonniques, lors desquelles elle a été rituellement maltraitée avec d'autres enfants.** Aria parle de plusieurs endroits où les sévices avaient lieu, notamment dans un magasin de Brighton, ainsi que dans un appartement situé au-dessus du magasin de chaussures *Russel & Bromley* de Richmond, à Londres. Son père et son oncle, tous les deux initiés en Franc-maçonnerie, participaient activement à des rituels spécialement conçus pour traumatiser / fragmenter les enfants et les empêcher de parler. La survivante Aria parle également dans son témoignage de la mise à mort rituelle d'un animal et selon elle d'un enfant. Elle décrit certaines techniques utilisées par ces groupes occultes pour traumatiser et contrôler les petites victimes :

« *Je me souviens de beaucoup de sévices étranges lors de ces réunions qui étaient comme des fêtes pour eux... C'était avant l'âge de 12 ans* (…) *Il s'est passé autre chose avec ce groupe Maçonnique, dans un autre endroit où je me souviens avoir été emmenée un soir avec d'autres enfants. Il y avait une piscine là-bas. Là, j'ai subi un exercice de noyade. Ils m'ont jeté dans la piscine, ligotée, et mon père est venu me « sauver » cela afin de s'établir comme « personne de confiance » même s'il était responsable des sévices* (…) *Je me souviens juste avoir sombré au fond de l'eau et d'être entrée dans un état d'intemporalité. J'étais là, c'était comme une éternité. La notion de temps était déformée, je me souviens juste qu'à un moment donné... j'ai eu*

à choisir entre rester en vie ou mourir. Mais cela semblait très paisible de l'autre côté, tout semblait beaucoup plus paisible que l'existence sur cette terre (…) *Je me souviens aussi avoir été emmenée par mon père pour être prostituée. Il y avait beaucoup de petites filles et petits garçons nus. Ils leur ont mis des laisses de chien autour du cou et les ont conduits dans des petites salles dégoutantes dans lesquelles des gens - des malades - allaient venir et payer... C'était au-dessus du magasin de chaussures Russel & Bromley à Richmond. J'avais l'impression que mon père m'utilisait pour gagner de l'argent, il y avait aussi d'autres parents qui emmenaient leurs enfants là-bas pour les mêmes raisons. Je pense que ce sont des malades et qu'ils n'ont aucune empathie. Ils sont focalisés sur l'argent et le pouvoir.* **La raison plus profonde est qu'ils ont probablement subi le même conditionnement durant leur enfance, ils ont été tellement maltraités qu'ils ne se souviennent plus de ces affreuses sensations. Donc ils ne font que répéter les sévices à la génération suivante. Je pense qu'ils se sont complètement détachés du sentiment d'être un petit enfant. Ils se sont totalement identifiés comme agresseurs** (…) *J'ai également été abusée à la loge Maçonnique de Brighton* (…) *Il y en avait une à Surbiton, une à Brighton et la grande loge dans le centre de Londres, là où j'ai un autre souvenir extrême. C'est en plein centre-ville, je pense que c'est la loge principale de Londres. Une cérémonie s'est déroulée, il y avait principalement des petits garçons, et moi. Ils portaient tous leurs stupides costumes Maçonniques.* **Lors de cette cérémonie avec consommation de sang, un animal a été sacrifié sur un autel. La pire chose lors de ce rituel a été le déroulement du sacrifice. Ils voulaient que tous les enfants se rapprochent pour poignarder le cœur du pauvre petit garçon, et le tuer...**

Ainsi ils veulent te culpabiliser. Ils veulent que l'enfant croit être lui-même un bourreau. Ils veulent vous accabler de culpabilité afin que vous ayez peur de parler. Vous êtes subitement amené à participer à quelque chose que vous ne voudriez absolument jamais faire. Cela crée beaucoup de doutes et vous empêche de parler... Vous avez l'impression de devenir vous-même un agresseur. Le même jour, lors de cette cérémonie, les francs-maçons se sont mis en couple avec les petits garçons et avec moi. Ils allaient dans différentes salles derrière l'autel, à l'arrière du bâtiment, pour agresser et violer. Mon oncle était aussi présent, c'est lui qui m'a emmenée dans une pièce pour me violer. C'était quelque chose de normal pour eux... » (*Aria speaks out about ritual abuse* - karmapolice.earth, 2019)

L'activiste américaine et survivante d'abus rituels et contrôle mental, **Jeanette Westbrook**, a rapporté publiquement les sévices rituels que lui aurait fait subir son père. Ce dernier était un haut fonctionnaire, directeur du Conseil National des Inspecteurs de chaudières et appareils à pression des USA. À ce poste, il supervisait les inspections de toutes les centrales nucléaires des. **C'était un franc-maçon initié à la loge maçonnique *Jeffersontown#774* du Kentucky**. Voici ce qu'a publiquement déclaré Westbrook concernant son père :

« *Dans le cas de cette loge en particulier, je crois qu'il existe certaines preuves car deux autres affaires ont été jugées et il y a eu des condamnations. Deux agresseurs étaient liés à la même Loge Maçonnique, dont était également membre mon agresseur de père depuis plus de 30 ans... Y-a-t-il une corrélation ici ? Oui, car **qui se ressemble s'assemble** (...) La dernière agression par mon père a eu lieu à l'âge de 24 ans. Cela s'est produit depuis la petite enfance, jusqu'à l'âge de 24 ans. Le processus de recouvrement de la mémoire s'est fait très lentement. Vous ne vous souvenez que de certains incidents, ou alors vous n'avez que des flashs comme un film visionné à distance, parfois avec des images très claires, parfois brouillées... J'ai vraiment commencé à avoir beaucoup de souvenirs et de flashs à partir de 28 ans lorsque j'ai rencontré et épousé mon mari (...) Il y avait différents types de sévices... Voici un souvenir très présent et très clair, que j'ai dessiné, mais que j'ai aussi rapporté à l'inspecteur de police lorsque j'ai déposé plainte contre mon père : **J'étais suspendue à l'envers avec des cordes, dans un garage près de notre maison. J'en ai encore les cicatrices aux chevilles... J'ai aussi été menacée avec un fer à souder, ou encore pendue à l'envers et pénétrée avec un objet... D'autres fois c'était être réveillée en pleine nuit pour être emmenée je ne sais où et violée... Cela pouvait être à n'importe quelle heure de la nuit, avec des gens que je connaissais ou que je ne connaissais pas** (...)*

Lorsque j'ai parlé de cela à quelqu'un de la famille de mon père, elle m'a dit avoir été violée par deux membres de cette famille, qui m'avaient aussi violé lorsque j'étais enfant ! **J'ai pu remonter sur au moins trois générations... La police avait également des photographies et un accès au site où j'ai été emmenée enfant pour y subir des abus rituels. Les preuves existent...** *Non seulement mon détective privé avait enquêté, mais d'autres policiers m'ont soutenu et accompagné pour aller devant le procureur (...)* **Je pense que lui et ses frères ont tenté, non seulement de me pervertir, mais aussi de briser mon esprit... de fractionner mon esprit en morceaux, de diviser ma personnalité... Ma sœur se souvient que mon père m'appelait avec différents noms, et elle se demandait bien pourquoi... Il était clairement conscient de mes différentes personnalités alter (...) Je crois, et j'en suis même sûre, que les organisations, que nous qualifions de satanistes, de clubs de pédophiles, de programmeurs, sont très informées sur le système de défense qu'est le Trouble Dissociatif de l'Identité. Ils connaissent cela très bien et ils cherchent à le créer volontairement dans le but de dissimuler leurs perversions. Ils utilisent cela afin de protéger leur identité. De sorte que moi et toutes mes personnalités alter subissant les sévices horribles et sadiques, puissions nous lever le matin pour fonctionner normalement, aller à l'école puis rentrer à la maison pour vivre avec les agresseurs. Les acteurs en coulisses, à savoir le Procureur de district, les policiers chargés de mon dossier, mon avocat et d'autres personnes du bureau du Procureur du Kentucky, savaient tous que c'était un cas d'abus rituels... Tous ces gens en étaient convaincus en raison des nombreuses preuves que j'avais en ma possession, mais aussi avec le support des témoignages des autres victimes... »**

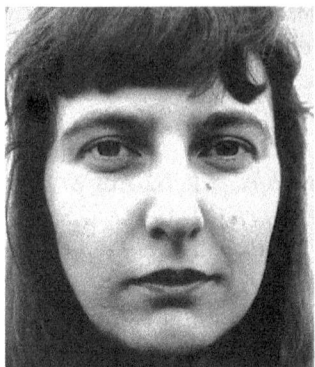

Ce que décrit ici Jeanette Westbrook lorsqu'elle affirme que son père l'appelait par différents noms, correspond à un individu - initié - qui cultive les états dissociatifs de sa victime dans un processus de contrôle mental. Il renforce ainsi le fractionnement de la personnalité (T.D.I.) créé par les traumatismes extrêmes visant l'exploitation des différentes personnalités alter.

Nous retrouvons ce même protocole en Belgique dans le témoignage de Régina Louf, le Témoin X1 de l'affaire Dutroux ; qui a été examinée par un collège de cinq experts dirigé par le psychiatre Paul Igodt, et ayant conclu que Régina Louf souffrait bien d'un trouble dissociatif de l'identité en raison d'abus sexuels massifs.

Dans son autobiographie *Silence on tue des enfants !*, Louf décrit comment un certain Tony (Antoine Vanden Bogaert), avait littéralement la mainmise sur elle depuis sa petite enfance, et comment il s'employait à l'exploiter comme une esclave sexuelle dans un réseau pédocriminel élitiste. **Ce Tony avait visiblement bien connaissance des processus dissociatifs et semblait même les cultiver chez son esclave :**

« À Knokke, chez ma grand-mère, les adultes s'étaient rendu compte que je parlais avec les voix dans ma tête, que je

changeais rapidement d'humeur, ou même que je parlais parfois avec une autre voix ou un autre accent. Bien que je n'avais que 5 ou 6 ans, je compris que ces choses-là étaient bizarres et que ce n'était pas permis. J'ai donc appris à cacher mes voix intérieures, mes autres 'moi' (…) **Tony était le seul adulte qui comprit que quelque chose n'allait pas dans ma tête. Cela ne le dérangea pas du tout, au contraire, il le cultivait. Il me donnait différents noms : Pietemuis, Meisje, Hoer, Bo. Les noms devinrent lentement une part de moi. La chose étrange était que si il mentionnait un nom, la personnalité qui correspondait au nom était immédiatement appelée.** *« Pietemuis » (petite souris) devint le nom de la petite fille qu'il ramenait à la maison après l'abus - une petite fille effrayée et nerveuse qu'il pouvait réconforter en lui parlant d'une façon bienveillante et paternelle. « Meisje » (fille) était le nom de la partie de moi qui lui appartenait exclusivement. Si il m'abusait dans mon lit tôt le matin, par exemple, ou s'il n'y avait personne autour de nous. « Hoer » (pute), était le nom de la partie de moi qui travaillait pour lui. « Bo » était la jeune femme qui s'occupait de lui s'il était saoul et avait besoin qu'on veille sur lui.* **« Maintenant tu me laisses m'occuper de ça », disait-il quand je lui demandais avec curiosité pourquoi il me donnait tant de noms, il rajoutait : « Papa Tony te connaît mieux que tu ne te connais toi-même »**... *Et c'était malheureusement vrai. »*

Qui a initié ce Tony sur la manière de cultiver et d'exploiter le T.D.I. de Regina Louf ? À quel endroit a-t-il reçu les enseignements sur ces techniques de contrôle mental ? Est-il lui-même membre d'une société secrète ? Est-il lui-même une victime ayant une personnalité fractionnée ?

Le passage à travers le miroir = la dissociation

Les rituels traumatiques extrêmes servent à provoquer cette « *illumination* » : La transcendance du corps physique par le biais du phénomène dissociatif. Le cœur de la perversion satanique consiste à « *arracher l'âme* » de la victime pour vampiriser son énergie et contrôler son esprit. Ce ne sont pas les rituels en eux-mêmes qui comptent vraiment mais plutôt leurs effets à des niveaux qui dépassent le monde matériel...

Dans le document contenant les auditions et procès-verbaux de l'affaire Dutroux, déjà cité, nous pouvons lire à la page 261 la reproduction d'une lettre datée de 1996 décrivant des pratiques sectaires pédocriminelles d'un groupe de notables :

Secte - Orgies - Ballets roses en Hollande. Lettre adressée à la Justice Hollandaise au sujet de sectes dans ce pays. Il existe en Hollande un groupe de 300 personnes qui forment une secte. Ils organisent des partouzes avec mineurs (3 ans et plus).

Membres = avocats - juristes - juges - policiers... Réunions dans propriétés campagnardes, hôtels ou chez un des membres (...) Assemblée le premier samedi après la pleine lune ainsi qu'aux dates de fêtes chrétiennes ou les jours d'anniversaires. Groupes de 12 personnes avec des enfants. **Viols et tortures des enfants.** *Grandes assemblées = 50 adultes et 50 enfants - drogues, boissons, orgies, viols, enregistrement vidéo des abus sur les enfants. Les enfants des membres du groupe participent aux fêtes. Cela entraîne la création de multiples personnalités chez les enfants.*

À Noël on simule le sacrifice d'un enfant de 1 an qui subit des sévices mais qui est remplacé par une poupée au moment des véritables tortures. Simulacre d'un enterrement d'un enfant de 15 ans comme punition. **On provoque les personnalités multiples par exemple en faisant croire aux petits enfants que l'on introduit en eux un chat qui grandit et devient une panthère qui va les surveiller s'ils veulent parler ou quitter le clan. Ces personnalités multiples sont entretenues par des psychothérapeutes du clan. Les personnalités multiples provoquées permettent un contrôle continu même des adultes en créant un certain équilibre. Cela fait de tous les auteurs des victimes...**

Nous retrouvons ici la notion de fractionnement de la personnalité des individus impliqués dans ces réseaux élitistes, qui initient leur propre descendance lors des rituels traumatiques...

Robert Oxnam a siégé pendant plus d'une dizaine d'années à la tête de la prestigieuse institution culturelle américaine, l'*Asia Society*. Il fait partie de ce qu'on appelle « *l'élite* » et côtoyait des gens comme Bill Gates, Warren Buffet, George Bush, etc... **mais il est également multiple**... c'est-à-dire que sa personnalité est fractionnée, **il a été diagnostiqué avec un trouble dissociatif de l'identité** et a écrit une autobiographie intitulée « *A Fractured*

Mind » (un esprit fracturé). En 2005, l'émission *60 Minutes* de la chaîne *CBS News* lui a consacré un reportage pour exposer ce trouble psychique particulier. Robert Oxnam a reçu une éducation très rigide et une forte pression était faite sur lui pour sa réussite sociale et professionnelle. Son père était président d'université et son grand-père était évêque mais aussi président du Conseil oecuménique des Églises (COE)... Son grand-père n'était autre que **Garfield Bromley Oxnam**, un important représentant de la communauté protestante américaine, leader de l'*American Methodist Church* et ami de l'évangéliste Billy Graham, tous deux militants pour un libéralisme chrétien visant l'établissement d'une religion mondiale « *One Church for One World* ». **Selon Fritz Springmeier, G.Bromley Oxnam et Billy Graham étaient des francs-maçons du 33ème degré impliqués dans les pratiques d'abus rituels sataniques et de contrôle mental...** John Daniel, dans son ouvrage « *Two Faces of Freemasonry* » indique que le grand-père Oxnam aurait atteint le 3° degré à la *Temple Lodge 47* de Greencastle le 22 novembre 1929 et reçu au 33° degré honorifique le 28 septembre 1949.

Nous avons donc Springmeier qui affirmait dans les années 90, selon ses sources, que le grand-père Oxnam était un haut initié franc-maçon impliqué dans les rituels traumatiques... des allégations jamais prouvées... **puis, une décennie plus tard** (en **2006), nous avons son petit-fils, Robert Oxnam, qui révèle publiquement qu'il souffre d'un sévère fractionnement de la personnalité... qui est le symptôme typique des conséquences d'abus rituels traumatiques visant le contrôle mental.** N'est-ce pas une forte indication que les sources de Springmeier sont fiables et que la famille Oxnam pratiquerait ces horreurs sur sa descendance ? On peut penser que Robert Oxnam a subi une programmation basée sur les traumatismes. Suite à de brillantes études, il a très vite été mis en avant dans les grands médias et « propulsé » pour rapidement obtenir un poste prestigieux et élitiste...

Robert Oxnam était sur le *toit du monde* mais à l'intérieur de lui, il y avait un mélange de dépression, de colère et de rage. **D'un côté, il y avait ce succès social et professionnel étincelant, et de l'autre un mal-être et une dépression permanente qui empiraient.** Dans les années 80, Oxnam a été suivi pour de l'alcoolisme et de la boulimie. Les consultations chez un psychiatre pour ses problèmes d'addictions et **ses trous de mémoire récurrents** n'amélioraient rien du tout. Il lui arrivait parfois de se réveiller avec des traces de coups et des blessures sur son corps sans avoir aucune idée de ce qui pouvait bien en être la cause, ni même dans quel contexte cela aurait pu arriver. **Il avait apparemment une autre vie en parallèle**... Un jour, il s'est retrouvé perdu dans la foule de Central Station à New-York, il était dans un état de transe et **il entendait des voix** qui le harcelaient en lui disant qu'il était mauvais, qu'il était la pire des personnes ayant jamais vécu. En 1990, lors d'une séance de thérapie avec le Dr. Jeffrey Smith, **Robert Oxnam est soudainement devenu quelqu'un d'autre... Son psychiatre rapporte qu'il y a eu un changement complet, dans sa voix, dans son attitude et dans ses mouvements.** Durant une séance, le Dr. Smith a rapporté que les mains d'Oxnam étaient *comme des griffes*, il était dans une terrible colère. Cette colère venait d'un petit garçon nommé « *Tommy* ». Lorsque Smith a raconté à Oxnam ce qui s'était déroulé durant la séance, celui-ci a affirmé qu'il ne connaissait nullement ce *Tommy* et qu'il n'avait aucun souvenir de ce qui venait de se passer dans le cabinet du thérapeute. C'est alors que le Dr. Smith réalisa qu'il avait peut-être affaire à un cas de personnalité multiple.

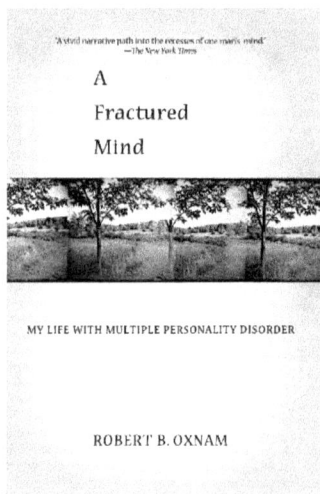

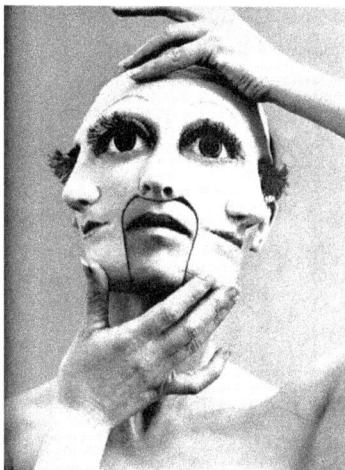

Au cours de la thérapie, **onze personnalités alter bien distinctes ont émergé indépendamment les unes des autres.** Parmi elles se trouvaient donc *Tommy*, un jeune garçon colérique, la *Sorcière,* un alter terrifiant ou encore *Bobby et Robby. Bob* était la personnalité dominante, c'est-à-dire la personnalité hôte : la façade publique, ici en l'occurrence un intellectuel qui travaille à l'*Asia Society.* Dans sa vie publique, Robert Oxnam vaquait à ses occupations et à ses affaires, multipliant les rencontres avec de hauts dignitaires comme le Dalaï-Lama. **Mais cette vie publique ne laissait rien entrevoir de ses profonds troubles de la personnalité...** Pendant sa thérapie, un alter nommé *Baby* a rapporté **des mémoires sur des violences durant l'enfance. Il s'agissait de sévères sévices sexuels et physiques,** toujours accompagnés par ce genre de paroles : « *Tu es mauvais, ceci est une punition.* »

Robert Oxnam a-t-il vécu des abus rituels Maçonniques ? A-t-il subi un fractionnement intentionnel de la personnalité durant l'enfance ? Fait-il partie d'une de ces familles élitistes pratiquant le contrôle mental systématique sur sa descendance ? D'où sortait le terrifiant alter « *Sorcière* » ? Toujours est-il que son cas démontre bien comment **un individu peut avoir un trouble dissociatif de l'identité tout en menant des affaires à un haut**

poste en maintenant une façade publique tout à fait normale. Est-ce ce à quoi fait référence Fritz Springmeier lorsqu'il parle d'*esclaves sous contrôle mental totalement indétectable*, pour décrire ces individus **volontairement fractionnés et programmés** ? (« *A Fractured Mind : My Life with Multiple Personality Disorder* » - Robert B. Oxnam, 2006)

Il semblerait que l'initiation traumatique des enfants dans certaines loges ait pour but d'obtenir un vivier d'individus plus ou moins mentalement programmés et donc aptes à servir les projets Maçonniques dans un futur proche. À l'adolescence et à l'âge adulte, l'enfant passé par les abus rituels - et le contrôle mental qui en découle - recevra tous les soutiens et l'argent nécessaire de la part du réseau pour être injecté stratégiquement dans la société où il apparaîtra avec une personnalité de façade (*Dr Jekyll*). Le but étant de placer aux postes clés des individus « sûrs », les « maillons faibles » n'étant pas envisageables dans un tel système de contrôle global.

En matière de double vie « *Maçonnico-Schizo* », le cas d'un notable ayant vraisemblablement un fractionnement de la personnalité a été rapporté par le Dr. Richard Kluft dans son livre *Childhood Antecedents of Multiple Personality*. Le Dr Kluft décrit l'histoire d'un jeune homme de 22 ans qui a été soumis à un examen psychiatrique par un juge, la possibilité qu'il souffrait d'un trouble dissociatif de l'identité avait alors été envisagée. L'homme était poursuivi en justice pour le meurtre de son

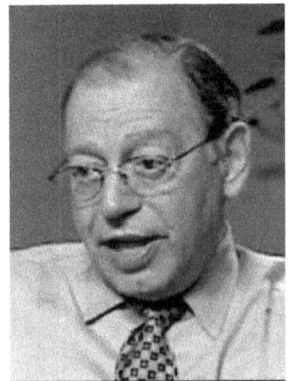

CBS News
Dr. Richard Kluft

géniteur. Il a déclaré à la police que son père était **un pharmacien réputé**, un des « piliers » de la communauté locale, mais qu'il était **impliqué dans du trafic de drogue et qu'il avait des connexions avec le crime organisé**. En se basant sur les déclarations de l'inculpé, de sa famille et de sa femme, **il a été décelé que le père avait très probablement lui aussi un trouble dissociatif de l'identité. Il était décrit comme un homme imprévisible qui entrait dans des rages inappropriées avec des changements de voix et des comportements inhabituels. L'inculpé tout comme certains membres de sa famille ont rapporté que le père agissait comme** « *s'il était deux personnes différentes* », **affirmant qu'il était à la fois un** « *dealer de drogue* » **et un** « *pilier de la communauté* » **- c'est-à-dire qu'il avait d'un côté une activité criminelle occulte et de l'autre une façade publique très respectable** - Dr Jekyll & Mr Hyde - L'histoire ne nous dit pas s'il était franc-maçon, mais son statut de notable pharmacien « pilier de sa communauté », peut laisser supposer qu'il appartenait à une loge quelconque.

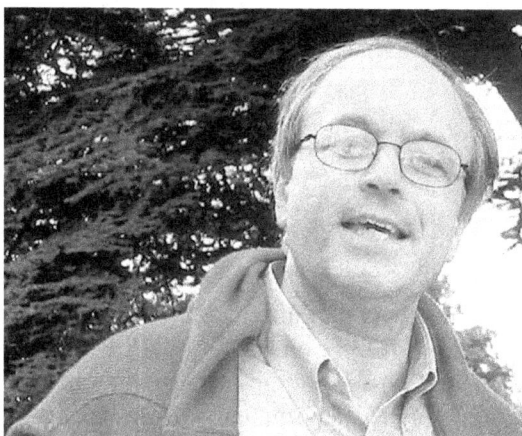

Nous pouvons également citer **Jacques Heusèle**, un autre cas de notable ayant mené une double vie extrêmement cloisonnée. **Franc-maçon** et membre dévoué du **Rotary Club**, d'apparence respectable, Heusèle était un agent d'assurance prospère d'Arras… mais qui menait une double vie totalement ignorée de ses proches. Une existence parallèle liée à un réseau de prostitution, et probablement à l'organisation de ballets roses (pédocriminalité)... **Ce n'est qu'à sa mort** (assassinat) **que sa famille a découvert et compris qui il était vraiment** - Dr Jekyll & Mr Hyde -

Cependant l'histoire ne nous dit pas si Heusèle souffrait d'un dédoublement de la personnalité, d'un trouble dissociatif de l'identité. Rappelons que c'est dans cette affaire que l'avocat Bernard Méry a entendu une juge lui rétorquer : « *Maître, on ne peut rien faire dans ce dossier, vous avez la Franc-maçonnerie... Qu'est-ce que vous voulez faire contre la Franc-maçonnerie ?* »

En Angleterre, nous avons l'affaire *Waterhouse* (aussi connue sous le nom de *Lost in Care* ou encore *North Wales child abuse scandal*). Il s'agit d'un des plus grands scandales britanniques en matière de maltraitance sur mineurs. Des dizaines d'anciens résidents de foyers pour enfants situés au Pays de Galles ont fait part aux enquêteurs d'épouvantables sévices : des « *abus graves et systématiques* » selon la police.

Une des nombreuses victimes, **Keith Gregory**, a subi dans son enfance deux années de violences psychologiques, physiques et sexuelles au foyer de *Bryn Estyn*. Keith Gregory, aujourd'hui conseiller de Wrexham, a déclaré **qu'il avait été régulièrement conduit hors du foyer par du personnel dans un hôtel où il était agressé sexuellement par des groupes d'hommes et qu'il s'agissait d'un réseau pédocriminel élitiste.** Les enfants esseulés des foyers ont toujours été des cibles pour ces réseaux de l'horreur... (voir l'affaire similaire de l'orphelinat de Jersey « *Haut de la Garenne* »)

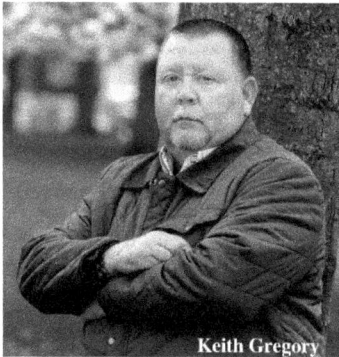
Keith Gregory

Keith Gregory a déclaré à la Radio *BBC5* qu'il était convaincu que les agresseurs ont échappé à la justice **grâce à leurs** « *Relations Maçonniques* ». **Il affirme que des politiciens, des juges et des chefs de police, accusés d'avoir violé des enfants placés dans ces orphelinats du Pays de Galles, auraient évité la justice parce que la plupart d'entre eux étaient francs-maçons**...

Bill Brereton, alors Chef de police adjoint du pays de Galles du Nord, avait fortement recommandé qu'un **organisme d'enquête extérieur et indépendant puisse déterminer si un Réseau Maçonnique aurait pu protéger des pédocriminels francs-maçons impliqués dans cette affaire**... requête qui a très vite été rejetée par sa hiérarchie. De plus, lorsque l'avocat des victimes, Nick Booth, a tenté de mettre en avant le « *Facteur Maçonnique* », il a très vite été réprimandé pour avoir mis en cause l'intégrité du tribunal de Sir Ronald Waterhouse... lui-même franc-maçon. Lorsque Nick Booth a simplement demandé au juge Waterhouse de déterminer si certains enquêteurs, avocats ou témoins liés à cette affaire étaient francs-maçons, cette transparence a été rejetée sans aucune justification... Booth expliquait alors que « **le devoir de loyauté d'un** *Frère Maçon* **et son devoir d'impartialité s'il est impliqué dans l'administration judiciaire, doivent être mis sur la place publique.** »

Sir Ronald Waterhouse

Publiée en 2000, l'enquête de la Commission Waterhouse, qui s'est focalisée sur les sévices s'étant passés au sein même des foyers, conclut qu'il n'y a aucune preuve étayant des protections ou un réseau pédocriminel à grande échelle. Pour Waterhouse, tous ces viols sur mineurs sont des cas isolés, et bien sûr aucune personnalité n'est impliquée... Alors qu'on demandait à cette Commission de déterminer la nature des « *dysfonctionnements* » de certains orphelinats du Pays de Galles, celle-ci s'est attachée à systématiquement démonter les accusations des victimes **qui dénonçaient un système organisé dépassant le cadre des foyers**.

La Commission Waterhouse a-t-elle supprimé des preuves essentielles pour couvrir un réseau ?

Lorsque l'on sait que les francs-maçons prêtent serment pour protéger leurs *Frères* quoi qu'il arrive, l'intégrité des tribunaux se trouve alors grandement remise en question, à savoir que la magistrature et la haute hiérarchie des forces de l'ordre est grandement, pour ne pas dire totalement, soumise à la Loge (sous serment Maçonnique)...

La sphère institutionnelle apte à appliquer une véritable Justice : juges, avocats, officiers gradés de police ou gendarmerie sont pour la plupart d'entre eux à l'heure actuelle connectés ou directement initiés à ce réseau de sociétés secrètes Maçonniques. C'est une des raisons pour laquelle il est aujourd'hui très difficile d'obtenir des poursuites dans ce type d'affaires. **Les institutions de « justice » avec lesquelles vous espérez une protection des enfants... semblent en réalité travailler contre l'intérêt des enfants, comme le prouvent de nombreux dossiers...**

En 1990, à Evansville dans l'Indiana (comté de Vanderburg aux États-Unis), une sordide affaire de rituels pédocriminels a été étouffée, comme à l'accoutumée. À l'époque, l'affaire dite de la « **Maison Bleue Satanique** » avait reçu un écho national, notamment avec l'émission télévisée *A Current Affair* qui qualifia alors Evansville de « *Devil's Playground* » (terrain de jeu du diable).

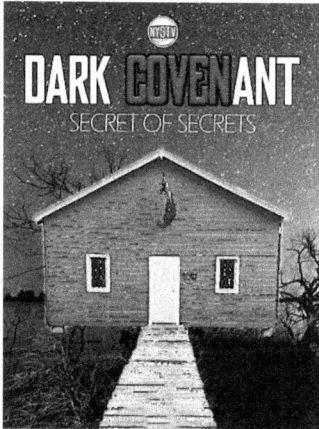

En 2017, **Jon Pounders** de *NYSTV*, en collaboration avec **David Carrico** (auteur de *The Egyptian Masonic Satanic Connection*), ont produit un documentaire (*Dark Covenant - Secret of Secrets*) détaillant l'affaire de la *Maison Bleue*, très peu, voire aucunement référencé dans le monde francophone. Pour des raisons juridiques, le documentaire ne mentionne pas la connexion maçonnique de ce dossier, mais les producteurs affirment en off que les accusés sont tous liés à la Franc-maçonnerie.

Jon Pounders affirme que *les gens impliqués dans cette Maison Bleue, notamment le principal de l'école, dont le nom est le plus cité, mais aussi des fonctionnaires, toutes ces personnes impliquées dans les sévices et dans l'étouffement de l'affaire étaient des francs-maçons, sans exception. Ils étaient tous francs-maçons, le dossier est public.* »

Une des victimes témoigne :

« *Quand j'avais 8 ans, ils me sortaient de l'école… le principal venait dans la classe et disait au professeur qu'il nous emmenait à un cours spécial pour « apprendre ». Ils nous prenaient et nous emmenaient dans cette Maison Bleue. Nous n'avons jamais obtenu justice… Le procureur n'a jamais lancé d'enquête malgré tous les témoignages se recoupant. Nous n'en parlions à personne car nous étions menacés d'avoir également des problèmes, à cause de tout ce que nous avions fait... Mais nous n'étions que des gamins.* »

Ces enfants d'Evansville ont affirmé qu'ils avaient été retirés de l'école pour être soumis à des **violences ritualisées de type pédo-sataniques**, dans ce qu'ils appelaient une Maison Bleue. Selon les victimes, **ces rituels impliquaient des sévices sexuels mais aussi des sacrifices de sang**.

Le principal défenseur des enfants, Rick Doninger, a déclaré :

« *Tous les enfants de la maison bleue affirmaient avoir été maltraités par des francs-maçons. Le procureur a refusé d'ouvrir une enquête là-dessus. Pourquoi ? Mystère !* »

Doninger a également affirmé que l'enquête a été confiée à des policiers qui étaient aussi francs-maçons…

Les nombreux témoignages se recoupant ainsi que **les examens médicaux et psychologiques confirmant la véracité des sévices et traumatismes**, n'empêcheront pas le procureur Stanley Levco de déclarer devant la journaliste de « *Current Affair* » qu'il *ne croit pas* à la parole des enfants et qu'il n'ouvrira donc aucune investigation…

Malgré les nombreux témoignages et preuves, l'affaire n'a jamais été conduite devant un tribunal et aucune arrestation n'a donc eu lieu ; laissant une nouvelle fois les petites victimes dans la solitude de l'injustice.

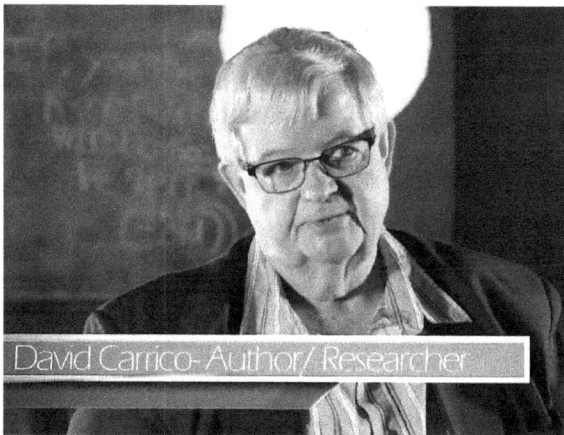

David Carrico déclare que « *le plus frustrant là-dedans, c'est qu'il y avait douze enfants qui ont été auditionnés par **Bill Welborn** (ancien procureur) et par **Sue Donaldson** (à la tête du département de psychologie de l'Université de Evansville) qui en*

a entendu six d'entre eux : **ces enfants disent tous la même chose, sans se connaître ils donnent tous le même témoignage.** *Ils ont cité en particulier deux individus francs-maçons, qui les emmenaient dans cette Maison pour des rituels...* **Cela a été confirmé médicalement à l'hôpital, les sévices ont été reconnus. Il y a cette enfant affirmant que le principal l'a violée dans son bureau avec un objet...** *Cette enfant a été examinée à l'hôpital et le viol a été médicalement confirmé !* **Il y a des marques physiques, il y a de multiples témoignages, mais il n'y a aucune poursuite !** »

L'avocat Bill Welborn rapporta dans « *Current Affair* » : « *Tout d'abord il y avait beaucoup d'enfants qui rapportaient des pratiques très similaires. La deuxième chose est la similarité des marques physiques de sévices. Beaucoup d'entre eux ont été agressés et blessés d'une manière identique.* »

Bill Welborn
ATTORNEY

Les enfants ont rapporté avoir subi **des séances de chocs électriques en visionnant des photos, visant à inverser le bien et le mal en renommant la photo en son exact contraire ;** tout comme leur mettre la main sous l'eau chaude en leur affirmant que c'est quelque chose de froid pour eux. « *Nous ne savions plus différencier le bien du mal* » **affirmeront certains.** Ils disaient avoir été forcés de regarder des animaux morts et dépecés dans des coffres, forcés de ravaler leur propre vomi s'ils tombaient malades en consommant les bêtes sacrifiées. **Nous retrouvons là des rituels occultes visant à supprimer toute notion de bien et de mal, pouvant confirmer qu'il s'agit là de pratiques inspirées d'une certaine Gnose propre aux sociétés secrètes.**

Sue Donaldson, à l'époque professeur de psychologie à l'Université *Southern Indiana*, a fait des déclarations publiques dans l'émission télévisée « *Current Affair* ». Elle a examiné six de ces enfants, ils avaient tous certaines cicatrices similaires : « *Lorsque j'ai vu le premier enfant, je me demandais s'il ne s'était pas fait ça lui-même. Une fois que j'ai vu le deuxième, puis le troisième, le quatrième, etc, jusqu'au sixième, ils avaient tous ces cicatrices au même endroit. **Ils disaient qu'ils avaient été coupés dans la Maison Bleue par les enseignants qui les avaient sortis de l'école.*** »

Dr. Sue Donaldson
PROF. OF PSYCHOLOGY, UNIVERSITY OF S. INDIANA

Après les entretiens psychologiques et les examens physiques, Sue Donaldson ne pouvait plus rejeter leur parole : « *Quelque chose est arrivé à ces enfants* » dira-t-elle. **Il était évident pour elle que ces enfants avaient vécu des traumatismes, mais sans savoir de quoi il s'agissait exactement. Elle confirmera que ces petits étaient sévèrement traumatisés**…

Un membre de l'association de protection de l'enfance « *Children of the Underground* » a aidé un de ces enfants (Sarah Jane Wannamaker) et sa mère à fuir vers Altanta afin d'échapper à la garde du père supposément agresseur. Sarah avait fait des déclarations précises et détaillées sur des sévices rituels sataniques : meurtres, cannibalisme, prières aux démons, menaces de *la couper en deux*, etc. Ce membre d'association avait à l'époque déclaré que Evansville serait un nid à satanistes transgénérationnels. Cette région est également connue comme étant un fief Maçonnique...

Sarah a déclaré que **les bourreaux filmaient tous leurs rituels, menaçant les enfants de dévoiler des photos s'ils se mettaient à parler**. Elle a mentionné un présumé meurtre sacrificiel d'enfant perpétué par le principal de l'école (Shriners), qui aurait coupé les jambes de la victime. Il a été rapporté que la petite Sarah développait possiblement un **trouble dissociatif de l'identité**, car elle basculait d'un caractère à l'autre pendant qu'elle témoignait. Elle a décrit une vingtaine d'adultes portant des toges à capuche de couleur bleue ou noire. Elle a dessiné des symboles égyptiens, similaires à certains ornements Maçonniques de grands bâtiments du centre-ville de Evansville. La petite affirmait qu'ils conservaient des bébés dans des bocaux et que **chaque acte qu'ils faisaient sur un enfant était archivé sur un rouleau.**

Presque à chaque fois qu'un cas de « *sévices rituels sataniques/maçonniques* » est présenté devant la *justice*, le dossier est immédiatement considéré comme sans fondement et classé sans suite... Ce verrouillage judiciaire pourrait valider l'existence d'une structure de pouvoir allant au-delà du système légal officiel. Est-ce cette notion *d'État dans l'État* (ou *état profond*) qu'avait dénoncé Sophie Coignard dans son enquête sur la Franc-maçonnerie ? Jon Pounders déclare à ce sujet : « *Le problème est que lorsque vous avez ce genre d'affaire où un franc-maçon protège un franc-maçon, où un juge est lui-même franc-maçon, etc. Même un procureur ou enquêteur voulant faire avancer les choses, parfois ne le peuvent pas. C'est effrayant parce que beaucoup de ces gens - francs-maçons - sont des policiers... À Evansville en Indiana, plus de la moitié des forces de police est initiée en Franc-maçonnerie, et donc leur serment Maçonnique l'emporte sur leur serment de servir et protéger le peuple. C'est un gros problème que l'on retrouve aussi en politique...* »

Lorsqu'il est confronté aux notions de satanisme/luciférisme, magie/sorcellerie, sacrifices de sang, démonologie, magie sexuelle, sociétés secrètes, etc... l'individu athée se retrouve devant un mur idéologique ; il qualifiera alors ces questions d'ordre surnaturel d'irrationnelles, superstitieuses ou archaïques. Il est donc intellectuellement/spirituellement démuni pour accéder à un début de compréhension des pratiques rituelles pédocriminelles relevant de l'occultisme le plus noir. C'est un cap à passer pour pouvoir commencer à appréhender cette dure réalité...

Le Dr Stephen Kent a déclaré : « *Ce sont certains groupes déviants de la Franc-maçonnerie qui me préoccupent le plus. Pour moi, il est tout à fait plausible d'imaginer que des francs-*

maçons déviants puiseraient dans certains écrits extrémistes d'Aleister Crowley ou interpréteraient à la lettre certaines de ses déclarations sur les enfants et le sexe, ou encore certaines de ses affirmations sur le sacrifice d'enfants ou d'adultes, pour les intégrer à leurs rituels. »

Dans son livre « *Do What You Will : A History of Anti-Morality* », Geoffrey Ashe écrit que Aleister Crowley était « *comme trois ou quatre hommes différents* ».

Crowley lui-même a décrit ses états de conscience modifiés dans lesquels il affrontait d'autres entités imaginaires, dissociatives ou spirituelles. Est-ce que Crowley avait lui-même une personnalité multiple, une personnalité fractionnée par des traumatismes liés à son enfance ? Avait-il un trouble dissociatif de l'identité ? Dans son livre « *Magick in Theory and Practice* », Crowley préconise l'autopunition par la scarification avec une lame de rasoir. Les thérapeutes qui travaillent avec des survivants d'abus rituels rapportent que l'automutilation par la scarification est la caractéristique la plus commune des patients souffrant de sévères troubles dissociatifs. La douleur et la décharge d'endorphines qu'apporte la scarification est un moyen - généralement inconscient - de se dissocier et de se soulager du mal-être intérieur.

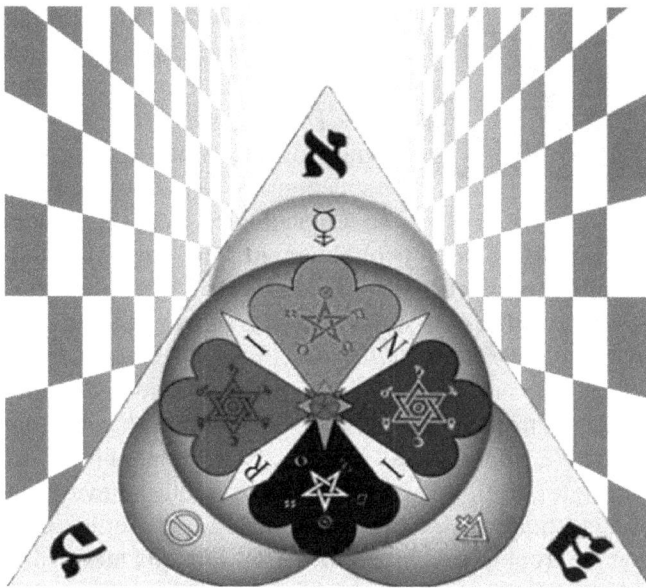

Aleister Crowley a rejoint l'*Ordre hermétique de l'Aube Dorée* **(Golden Dawn)** en 1898 pour être finalement exclu de cette société secrète en 1900. En 1901, un scandale a éclaboussé la Golden Dawn, Theo Horos (Franck Jackson) et sa femme ont été accusés du viol d'une jeune fille de seize ans. À l'époque, **le juge**

a conclu que le couple avait utilisé les rituels de la Golden Dawn pour l'exploitation sexuelle de mineurs. Selon Richard Kaczynski, l'auteur de « *Of Heresy And Secrecy : Evidence of Golden Dawn Teachings On Mystic Sexuality* », **les pratiques de magie sexuelle seraient quelque chose de courant au sein de cette société secrète. La magie sexuelle est un enseignement commun à toutes ces différentes loges lucifériennes**.

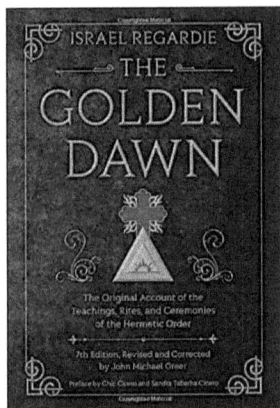

La Golden Dawn aurait été créée suite à la découverte de mystérieux documents germaniques. Il s'agissait de manuscrits codés qui ont été déchiffrés et retranscrits par un des membres fondateurs de l'Ordre, le Dr. William Wyn Westcott, un franc-maçon. Par la suite, les documents ont été soupçonnés de falsification et afin de clarifier la question, l'auteur de « *The Magicians of the Golden Dawn* », Ellic Howe, a transmis les traductions de Westcott à un expert en graphologie. **Celui-ci a conclu que Westcott avait probablement un trouble de la personnalité multiple (trouble dissociatif de l'identité) en raison de ses différents styles d'écritures très marqués.** Dans son livre « *What You Should Know About The Golden Dawn* », Gerald Suster, un avocat de la Golden Dawn a contesté l'argument du trouble de la personnalité multiple en notant qu'un autre membre important de l'Ordre, Israel Regardie, avait lui aussi un style d'écriture qui pouvait varier et qu'il n'avait jamais été diagnostiqué avec une personnalité multiple ou un quelconque trouble psychiatrique... **Une interprétation de ces variations d'écriture serait de dire que ces hommes ont tous les deux des troubles dissociatifs causés par des expériences de rituels traumatiques. Les thérapeutes spécialisés dans les troubles dissociatifs décrivent bien comment un changement de style d'écriture chez une même personne est un marqueur pouvant indiquer les basculements d'une personnalité à**

l'autre. (» Cult & Ritual Abuse » - James Randal Noblitt & Pamela Perskin Noblitt, 2014, p.141)

- Dr Jekyll & Mr Hyde -

Nous avons déjà mentionné l'**Ordo Templi Orientis** (O.T.O.) et ses occultes pratiques de magie sexuelle. Cette société secrète (sous-structure de la Golden Dawn), pouvant être qualifiée de Maçonnique car fondée par deux francs-maçons et reposant sur un même schéma et un même terreau Gnostique, a plusieurs fois été dénoncée **comme étant un véritable réseau pédocriminel**.

La psychologue australienne **Reina Michaelson**, qui a reçu en 1996 un prix pour son travail sur la prévention des abus sexuels sur mineur, **affirme que dans certains rituels de l'O.T.O, des enfants sont littéralement massacrés**. L'O.T.O. a poursuivi Michaelson en justice pour ces accusations et a gagné le procès.

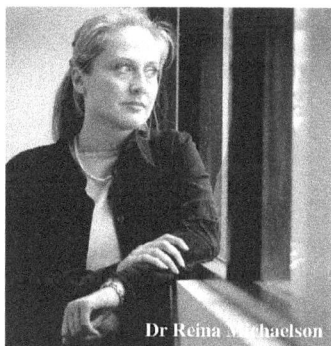
Dr Reina Michaelson

La psychologue avait déclaré, selon ses sources, que cette société secrète était un *réseau pédophile* dont certains membres pratiquent les abus rituels impliquants de la magie sexuelle, du contrôle mental basé sur les traumatismes et la production de pédo-pornographie. Elle a également déclaré que *ce culte satanique avait beaucoup de pouvoir car dirigé par des familles très puissantes et très influentes,* laissant également sous-entendre que de hauts responsables politiques et autres personnalités de la télévision font partie d'un réseau pédocriminel de haut niveau et couvert par les autorités.

En 1995, l'O.T.O. a été répertorié comme secte luciférienne dans un rapport parlementaire de la commission d'enquête sur les sectes en France.

Dans son livre « *L'Enfant sacrifié à Satan* », le journaliste **Bruno Fouchereau** écrit : « *En Italie, à Rome, l'existence d'un groupe de l'O.T.O. pratiquant des viols d'enfants dans ses rituels a été dévoilée, ce qui fit scandale car la jeunesse dorée de la ville y participait, ainsi que des avocats réputés…* »

L'enquête de Bruno Fouchereau rapporte le témoignage de **Samir Aouchiche**, victime d'une secte para-maçonnique nommée « **Alliance Kripten** ». Voici un passage du livre qui relate le déroulement d'une cérémonie de la Golden Dawn **impliquant des enfants** et à laquelle Aouchiche a participé : « Enfin, ils arrivent dans la salle. Là encore, le décor a changé. Les murs sont maintenant tendus de tissu noir, les néons sont éteints et des halogènes éclairent la pièce indirectement. **Un immense triangle mauve est dessiné sur le sol, et une sorte de damier a été posé en son centre. De chaque côté du triangle, deux espèces de colonnes d'environ deux mètres se dressent tels des obélisques. L'une est noire et blanche, l'autre rouge**

Samir Aouchiche

**L'Enfant
sacrifié à Satan**

Enquête réalisée par Bruno Fouchereau

librairie "Vues sur Loire" Olipacchi

et verte. Au fond de la pièce, face à l'entrée, sur une sorte d'estrade encadrée de quatre candélabres, deux gros fauteuils rouge et or (…) **Cinq à six enfants sont là,** certains visiblement accompagnés de leur père ou de personnes qui leur sont proches. Un petit garçon d'environ six ans qui refusait de lâcher la main de son père reçoit une gifle monumentale qui l'envoie rouler au sol sous les rires des adultes, visiblement ravis par le spectacle de ce garçonnet à moitié assommé (…) Samir n'en croit pas ses yeux ! Les adultes sont vêtus de façon singulière.

La plupart portent de **grandes saies blanches, certaines sont vert et rouge.** D'autres sont **tout habillés de cuir** (…) D'autres sont torse nu **mais portent un masque**. Ils sont une vingtaine en tout à arborer des tenues hétéroclites. Tous sont agglutinés près de la petite pièce attenante à la salle. En l'occurrence, elle semble servir de vestiaire, car les hommes et les femmes en sortent tous avec une tenue plus ou moins bizarre, alors qu'ils y étaient entrés en tenue de ville. Ajouilark est là aussi, **drapé dans une saie rouge. Sur sa poitrine est dessiné un énorme triangle mauve bordé de noir et surmonté d'une croix blanche**. Son visage est **masqué**, mais Samir connaît trop bien ses yeux pour ne pas le reconnaître (…) Une musique de messe retentit et « l'Empereur », suivie du commandeur, se dirige vers l'estrade. Pendant ce temps, Steerlarow s'affaire et prépare sur des plateaux d'argent de grandes lignes de ce que Samir apprendra plus tard être de la cocaïne.

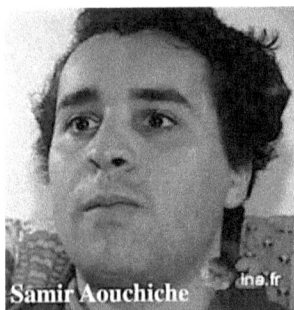

Ondathom saisit le bras de Samir pour le guider, avec les gagneuses et les autres enfants, devant l'estrade, où tous se mettent en rang. Les adultes se répartissent, avec une sorte de bonne humeur grivoise, sur les côtés du triangle, face aux colonnes et à l'estrade (…) **Pendant que les plateaux passent dans l'assistance, Ondathom et le Chinois déshabillent sans ménagement les enfants. Certains sanglotent, d'autres se protègent le visage comme s'ils s'attendaient à recevoir des coups d'un instant à l'autre** (…) Les conversations vont bon train : un homme qui porte un masque rouge se déclare sensible aux fesses de Samir, une femme habillée d'une saie blanche n'a d'éloges que pour les gagneuses de Steerlarow (…) Pendant le discours de l'Empereur, Ondathom, un ciboire en cuivre à la main, **a fait boire aux enfants une gorgée d'un liquide rouge amer. Tous ressentent alors rapidement la même chose. La tête leur tourne. Ils ne sombrent pas dans l'inconscience, mais ils sont pris, soudainement, dans une sorte de brouillard. Les adultes constatent les effets de la drogue car les enfants s'avachissent**

les uns sur les autres. L'Empereur continue : « *Commandeur, portez la bannière à l'est !* » Ajouilark prend l'étendard en question et va le placer sur le mur est de la pièce. **Il représente une croix dorée avec un T blanc sur son axe qui est aussi le centre d'une étoile à six branches, formée de deux triangles, l'un de couleur rouge, l'autre bleu.** « *Commandeur, portez la bannière à l'ouest !* » Le drapeau de l'ouest est un triangle or sur un fond bleu avec une croix rouge en son centre. Samir voit ces

bannières comme à travers un brouillard, mais les symboles qui y sont inscrits marqueront son esprit à tout jamais. L'Empereur lève ses bras vers le ciel et ferme les yeux pour mieux se concentrer (…) « *Infusez dans ces jeunes êtres* (*l'Empereur semble bénir les enfants) la vigueur et la pureté, vous qui êtes les maîtres des puissances élémentaires que vous contrôlez, et que ces jeunes êtres puissent rester un véritable symbole de la force intérieure et spirituelle de notre ordre.* » **Ce rituel est l'un de ceux de la Golden Dawn et semble être celui auquel Samir a été le plus souvent soumis.** Samir n'entend presque plus les paroles de l'Empereur, il a l'impression de tomber, d'être pris dans un tourbillon. Tout tourne, les visages se mélangent, et c'est à peine s'il entend le commandeur déclamer : « *Les corps de ces enfants sont le pain que nous partageons. Ils cèlent nos liens et, par notre sexualité enfin libérée du joug des oppresseurs judéo-chrétiens, nous nous purifions, nous réintégrons le plan sacré des chevaliers célestes de l'ordre de l'Alliance Kripten. Le sexe et tous les plaisirs de nos sens sont la seule loi à satisfaire. Servez-vous mes frères, au nom du prince notre seigneur, et honneur à Thulé...* » Le commandeur a joint le geste à la parole et a relevé sa saie, laissant apparaître un sexe dressé. **Il s'approche d'une petite fille d'environ douze ans qui sanglote depuis le début de la cérémonie. L'enfant** résiste à peine (…) **Déjà, des hommes et des femmes se sont écartés pour se livrer à leur jouissance, d'autres saisissent des enfants... Samir se sent palpé, retourné... puis sombre dans une sorte de coma éveillé, une insensibilité totale comme si tout cela n'était pas vrai, que son corps n'était pas son corps, comme s'il n'était qu'un observateur de cette odieuse réunion…»** (Samir entre ici dans un état dissociatif)

Il s'agit là d'un rituel « **pédo-satanique** » avec viols et tortures d'enfants sous couvert d'une doctrine luciférienne se résumant à « *Fais ce que tu voudras sera le tout de la loi* ». La secte « Alliance Kripten » pratiquant ces horreurs semble appliquer à la lettre les rituels de la Golden Dawn, elle-même découlant des sphères Maçonniques… Comme mentionné en début de document, il s'agit là d'une *poupée russe* initiatique où diverses *écoles ésotériques* se chevauchent, les unes ouvrant les portes vers les autres dans un processus initiatique très sélectif. **Il ne s'agit pas de « *dérives Maçonniques* » ou de « *groupes déviants marginaux* », il s'agit des sectes d'essence Maçonniques les plus profondes - et les plus élitistes - où le Bien et le Mal n'existent plus...**

Dans l'affaire Alègre, les confessions d'un juge semblent confirmer l'existence de ces groupes sectaires ultra-violents pratiquant les crimes rituels en France... Pierre Roche, à l'époque président de la cour d'appel de Montpellier, est décédé en 2003 de manière suspecte. Ses enfants, **Charles-Louis Roche** et sa sœur **Diane**, tous deux juristes, affirment que leur père aurait été victime du réseau dans lequel il était lui-même impliqué. Quelques semaines avant sa mort, se sentant menacé et sous pression, le juge s'était confié à eux, leur racontant ses « turpitudes » dans une forme de repentance et d'extrême sentiment de culpabilité. Il leur a décrit les rituels criminels de ce groupe sectaire... En 2005, Charles-Louis Roche a dénoncé publiquement les confidences macabres de son père : « **C'était**

très clair, notre père nous a parlé d'une sorte de secte derrière laquelle il y avait une forme de corpus idéologique...

Charles-Louis Roche

Comment fonctionne cette secte ? On approche les gens qui ont de la puissance, si on a pas de pouvoir, on n'est pas intéressant. Alors à partir du moment où quelqu'un a du pouvoir, il peut servir et on songe éventuellement à le recruter, du moment bien entendu qu'on a décelé chez lui la corruption morale qui fera de lui un membre propice. On ne veut surtout pas recruter quelqu'un qui pourrait faire éclater le groupe ou qui pourrait dénoncer ce à quoi il a assisté. Donc on recrute des gens qui semblent intéressants et chez lesquels **on a décelé cette espèce de vocation, que je qualifierais de diabolique... On invite d'abord cette personne à des soirées moins extrêmes que celles qu'elle sera par la suite amenée à connaître, mais au cours desquelles on l'enferre en filmant ce qu'il se passe durant ces soirées.** Cela permet de s'assurer de la loyauté future du membre et qu'il ne parlera jamais à personne. Puis ensuite on passe à des choses de plus en plus sérieuses... La morale, si j'ose dire, ou l'idéologie qui sous-tend ce groupe, est très grave quant à ce que cela révèle sur notre société...

On leur raconte dans ce groupe que toutes les règles qu'on leur a mises en tête depuis le début, que ce soit à l'école, dans la société, etc, sont des limitations à leur liberté les empêchant d'atteindre la *quintessence du genre humain*, et qu'il faut donc rejeter toutes les règles, à commencer par les lois, par la morale, par la décence. Il y a nécessité de transgresser ces règles, de violer, parfois littéralement, tous les tabous pour faire sauter des sortes de verrous que l'on mettrait dans nos

têtes depuis l'enfance. C'est ainsi que l'on commence par le viol, la torture, pour en arriver au meurtre… Donc voilà des gens qui en effet, après cela, deviennent complètement débridés, imbus de leurs pouvoirs, et qui sont amenés, en s'encourageant les uns les autres, à aller toujours plus loin dans l'horreur (…)

Notre père nous a parlé de gens des milieux médicaux, même universitaires. Ce groupe secret recrutait beaucoup dans les milieux judiciaires et même les policiers hauts gradés y étaient très appréciés. Il s'agirait donc d'un groupe secret dont les activités consistent à mener des sortes de cérémonies dans le plus grand secret, où l'on conjugue des pratiques aussi étranges et uniformément dégoûtantes que la sexualité de groupe, la scarification… Il a évoqué devant nous des images à vous faire dresser les cheveux sur la tête. Il nous parlait de chair calcinée, de brûlures de cigarettes, de chair transpercée. Il nous disait que les personnes étaient torturées, **parfois même tuées à l'occasion de ces séances…** Il y avait des malades qui réclamaient ce genre de traitement, mais il y avait aussi des **personnes non consentantes, parfois des enfants, qui étaient d'abord torturés, puis mis à mort, le tout filmé et faisant l'objet d'un trafic de vidéos illégales qui s'échangeraient sous le manteau à des prix fous.** Il nous a dit que les proies de ce groupe de prédateurs de la haute société étaient recrutées dans les couches les plus basses de la société, dans les catégories de personnes qui ne seront jamais recherchées. Il nous a parlé de prostituées, il nous a parlé de « *clodos* », je cite le terme employé par un magistrat. Il a même mentionné parfois des étrangers en situation irrégulière, selon ce qui leur passait sous la main j'imagine. C'est-à-dire des gens qui ont soit rompu les liens avec leur environnement, soit n'ont pas d'existence légale, des gens que personne ne va aller chercher ou à propos desquels toute enquête sera plus ou moins vouée à l'échec dès le départ. **Bien entendu, les membres de ce groupe de par les positions influentes qu'ils occupent sont à même, dans le cas où certaines affaires menaceraient de sortir, et bien de couper dans l'oeuf en manipulant les leviers qui sont les leurs, d'autant plus qu'ils se tiennent tous entre eux par la barbichette… »**

En 2008, Charles-Louis Roche a donné une série de conférences gratuites au Théâtre de la Main d'Or à Paris. Le juriste y décrivait les coulisses de nos institutions en se basant sur les révélations de son père. Celui que les médias ont présenté comme un tueur en série isolé, Patrice Alègre, n'aurait-il pu être qu'un fournisseur de « chair fraîche » pour le réseau des *Frères* de la région toulousaine ?

« Vous voulez savoir ce qu'il y a derrière toutes ces affaires dont on entend beaucoup parler ces dernières années ? Alègre, Dutroux, Fourniret, les disparues de l'Yonne, et puis toutes celles dont on n'entend jamais parler… et bien elles suivent toutes le même schéma (…) Le *serial killer* est une explication très commode, c'est le lampiste parfait. C'est le dingo qui a tout fait ! Pourquoi ? Parce que c'est un malade, circulez, il n'y a rien à voir, ne cherchez pas plus loin. N'essayez surtout pas de remonter jusqu'à nos Maîtres, qui sont les commanditaires dont les Alègre, Fourniret et consorts, ne sont que les exécutants de cinquantième zone, fournisseurs de chair fraîche pour leurs

soirées en enfer ! Ce qu'il y a derrière cette affaire, ce sont les protections politiques jusqu'au plus haut niveau de l'État sur la pédophilie et les enlèvements de personnes. Protection dont continue de bénéficier encore aujourd'hui une liste de soixante-et-onze magistrats pédophiles, tenue au secret à la Chancellerie. Soixante-et-onze magistrats pédophiles, couverts et encore en fonction ! Je dirais même qu'ils sont d'autant plus couverts et maintenus en fonction qu'ils sont aujourd'hui devenus très utiles ! Maintenant qu'on a un dossier sur eux et qu'ils sont sur un siège éjectable, ils feront exactement ce que le pouvoir leur dira de faire. »

Le psychosociologue et écrivain **Christian Cotten** a rencontré à plusieurs reprises les enfants du juge Pierre Roche. Charles-Louis et Diane lui ont rapporté en détail les déclarations de leur père sur ce groupe sectaire de la région toulousaine ; des assertions que Cotten a déjà entendues de la bouche de certains officiers de police :

« De quoi nous parlent-t-ils en résumé ? Ils nous parlent de ce que certains vont peut-être qualifier de « pratiques sataniques »… Il semble que leur père leur ait déclaré avoir participé **à des cérémonies rituelles, organisées, structurées, conduites par ce que Charles-Louis appelle des « célébrants ». Nous sommes donc dans un cadre de ce qui se rapproche de pratiques** « **religieuses** », où les gens semblent se regrouper pour vivre une expérience collective avec des pratiques de sexualité de groupe (…) Le problème commence lorsque l'on commence à nous parler de torture, de divers sévices pratiqués sur les participants et puis surtout lorsque l'on commence à nous dire qu'un certain nombre de ces cérémonies se terminent avec des morts (…) On ne nous parle pas là de gens dont on pourrait penser qu'ils sont atteints de pathologies psychiatriques diverses et variées… non, on nous parle de magistrats, d'hommes politiques, de financiers, d'universitaires, d'hommes des médias… **C'est-à-dire des notables qui se regrouperaient par parrainages mutuels de génération en génération. J'ai moi-même des souvenirs de discours entendu de la bouche d'officiers de police retraités qui m'ont raconté très exactement les mêmes histoires en m'expliquant qu'un certain nombre d'hommes politiques étaient tenus par ce type de système mafieux au travers de pratiques sexuelles collectives se terminant par des meurtres rituels…** Et hélas, je reconnais dans les témoignages de Charles-Louis et de Diane très exactement ce que m'ont rapporté ces officiers de police. Ce qui me trouble beaucoup dans le

témoignage de Charles et de Diane, c'est qu'elle semble totalement liée à l'affaire Allègre, puisque l'environnement socio-professionnel de leur père, Mr Pierre Roche. Nous retrouvons les mêmes noms, les mêmes magistrats (…) Faut-il rappeler que l'affaire Alègre sur Toulouse c'est 190 meurtres non élucidés sur une dizaine d'années, dont beaucoup ont été maquillés en faux suicides par les mêmes « experts » (médecins légistes) dont on peut légitimement se demander s'ils n'auraient pas fait partie du groupe auquel Pierre Roche déclare avoir fait partie (…) Comment est-il possible que dans ce que l'on appelle une république démocratique, un état de droit, des systèmes institutionnels aboutissent à ce genre de pratiques… Là, je n'ai pas vraiment la réponse à cette question, je m'interroge… »

Ce sont dans les Grands Mystères des sociétés secrètes contemporaines que nous trouvons les explications de ces pratiques ritualisées, criminelles, extrêmes et irrationnelles…

L'ancien capitaine de police à Toulouse, Alain Vidal, ayant mené une enquête parallèle sur l'affaire Alègre a rapporté : « Ces soirées se passaient dans les environs de Toulouse et même dans des établissements de départements limitrophes. Il va de soi, que ce n'est pas n'importe qui que l'on rencontrait en pareils lieux,

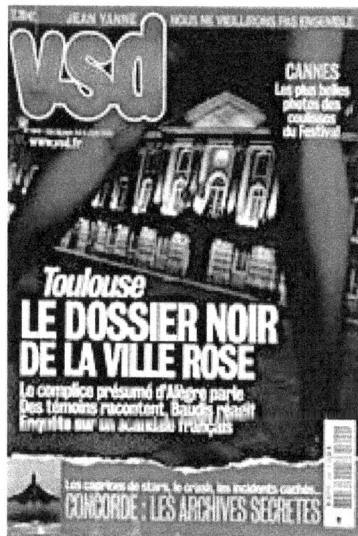

mais des personnes relativement aisées telles que : **Chefs d'entreprises, (travaux publics, bâtiment, concessionnaire automobile, avocats, hommes politiques, élus, médecins notables de tous bords, etc)**. L'un d'entre eux, particulièrement violent se travestissait en moine pour assouvir ses fantasmes… **Je n'oublie pas non plus certains de mes anciens collègues, ou gendarmes, sans nul doute moins aisés mais pouvant à leur niveau rendre quelques menus services…**

Selon les aveux d'une tenancière il y avait parfois jusqu'à soixante-dix personnes par soirée, de préférence masqués (mais dans la nuit, les masques tombaient d'eux-mêmes) et ainsi tout ce « beau monde » se reconnaissait. Il a même été indiqué que chaque participant réglait la somme de 4000 francs. »

Un autre groupe Gnostique para-maçonnique ayant été accusé de pratiques **pédo-sataniques et de crimes rituels** est le **Martinisme**, déjà cité en début de document. La doctrine Martiniste, instaurée notamment par Martinès de Pasqually, est un ésotérisme « chrétien » qualifié d'illuministe. **Le Martinisme est ..ne des branches mystiques et spirituelles de la Franc-maçonnerie.** Ces deux ordres ayant des bases communes et un grand nombre d'affiliations mutuelles de leurs membres, nous pouvons dire qu'ils sont imbriqués l'un dans l'autre : l'initiation en loge

Maçonnique étant généralement la première étape avant l'accès aux écoles ésotériques telles que le Martinisme.

Société

Eux aussi, ils prostituaient leurs enfants

Un couple et une femme appartenant au réseau pédophile d'Angers viennent d'être arrêtés. L'enquête s'intéresse à d'autres milieux.

Véronique Liaigre est une des victimes du réseau pédocriminel d'Angers, une affaire qui a fait la une des grands médias en 2001. **Véronique a déclaré aux enquêteurs que ses parents la « louaient » à des gens fortunés... Elle a également affirmé avoir participé à des sévices rituels de type satanique au sein d'un groupe de Martinistes...**

Le 5 juillet 2001, TF1 a diffusé un reportage consacré à cette survivante, en voici quelques extraits :

Voix off : Véronique a 20 ans, depuis l'âge de 5 ans elle a vécu l'enfer. Violée et prostituée par ses parents qu'elle a dénoncés et qui attendent de comparaître devant la cour d'assises, elle est parvenue à échapper à ceux qu'elle désigne comme ses bourreaux. Son histoire n'est pas ordinaire et peut même paraître inventée. Toutefois, s'il est légitime de douter, ce que nous a dit et répété spontanément cette jeune femme a de quoi révolter. **En particulier lorsqu'elle affirme, malgré les menaces qui pèsent**

dit-elle sur elle, avoir fréquenté une secte sataniste, des Martinistes, et avoir subi des tortures et torturé elle-même.

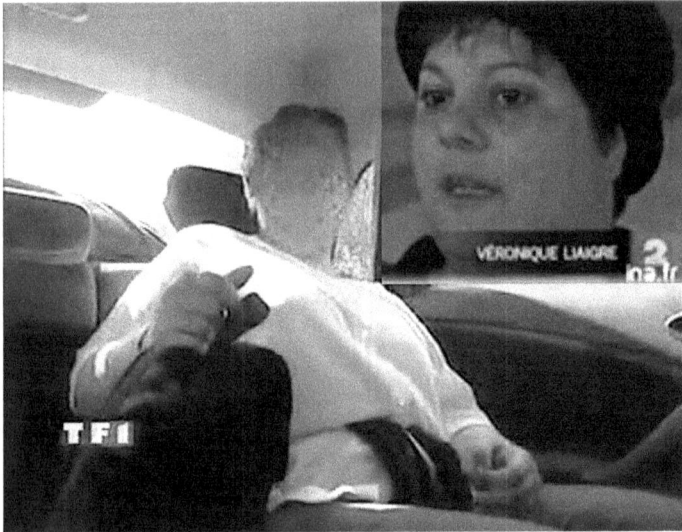

- Véronique Liaigre : **On se fait battre, on se fait mettre des objets dans les orifices, il y a des fois des sacrifices d'enfants pour rendre grâce à Satan, il y a beaucoup de choses comme ça... On tue un animal, on nous verse le sang sur la tête et le reste dans une coupole qu'on met sur l'autel.**

- Journaliste : Donc en fait, vos parents, comme tous les parents de ces enfants dont vous nous parlez vendaient leurs enfants ?

- VL : Exactement, puisque ça rapporte un certain pourcentage d'argent. **Un enfant qui a moins de 8 ans vaut 22 000 francs.**

- J : D'où viennent-ils ces enfants ?

- VL : **Les enfants qui sont sacrifiés ne sont pas déclarés, ou sont des enfants étrangers.** Notamment quand j'étais sur Agen, c'était des petits Africains, ils étaient noirs. Sur Jallais j'en ai vu aussi, sur Nanterre aussi, mais c'était des petits blancs, des français, **mais c'était des enfants nés de viols (…) qui n'avaient pas été déclarés. Ce sont des accouchements qui sont faits chez les parents dans des conditions abominables** (…)

- J : Non seulement vous faisiez partie de la secte, mais vous avez participé à ces rituels...

- VL : Oui. En 1994, **j'ai dû sacrifier sous la menace d'une arme, avec deux de mes amies, un enfant à Jallais.** Et on a dû toutes les trois l'assassiner... sous la menace d'une arme, si on ne le faisait pas, on se serait fait... ils l'auraient fait avec encore plus de violence et ils nous auraient fait encore plus mal. Donc on était obligé de le faire...

- J : Et qui vous menaçait d'une arme ?

- VL : « bip » **celui qui dirige la gendarmerie de** « bip » (…)

- J : Vous pensez que tout cela est une sorte de réseau, des gens qui se tiennent un petit peu pour ne pas tomber...

- VL : Voilà, et puis c'est pour se protéger aussi, **parce que étant donné qu'il y a des hommes de loi qui sont dedans, c'est vrai** que cela ferait un drôle de tapage si on apprenait qu'il y avait des juges et tout ça qui font partie de ce réseau-là.

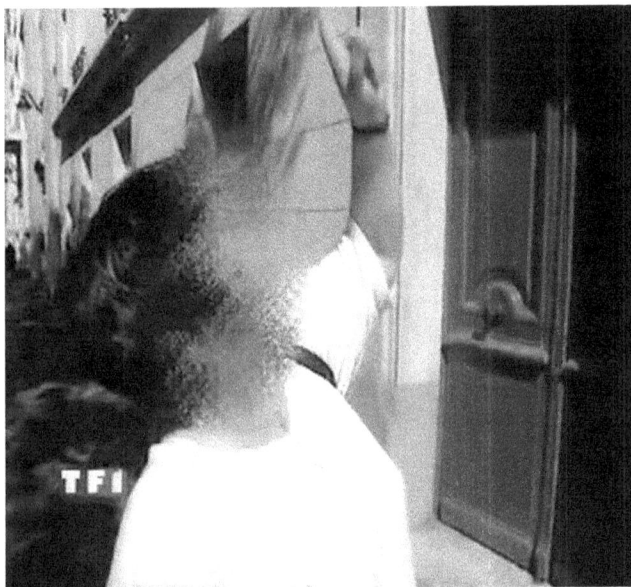

- Voix off : **Véronique nous a conduits devant l'un des nombreux lieux où se passaient selon elle le 21 de chaque mois des cérémonies sataniques.**

- VL (au pied d'un immeuble de centre-ville devant une porte cochère) : Voilà, c'est ici que je suis venue plusieurs fois. Notamment je me rappelle bien d'une fois en 1994, où **je me suis retrouvée à un rituel satanique avec un meurtre d'enfant.** On était montés au second étage. **Là, il y a eu des viols, on devait être 5 ou 6 enfants, ce n'était pas une très grosse réunion.** Il y avait « bip », « bip », **il y avait beaucoup de gens, notamment des notables dont je ne connais pas forcément les noms.**

- J : Et vous-même, vous avez subi…

- VL : **Oui j'étais là et j'ai subi... Il y avait mon père, ma mère n'était pas là cette fois-là**.

Pour conclure ce chapitre consacré aux témoignages, voici un extrait du dossier « *Le protocole des ignobles en robes noires* » écrit par l'ancien gendarme **Christian Maillaud**, alias **Stan Maillaud**, travaillant sur la pédocriminalité de réseau depuis plus de quinze ans. L'homme est à l'heure qu'il est, en 2020, abusivement incarcéré par un système judiciaire à bout de souffle...

La reproduction des criminels pédophiles, génération après génération

Il est un phénomène insoupçonné du « grand public », véritable toile de fond de la problématique que nous traitons dans ce dossier. **Il s'agit du processus « d'initiation à la pédophilie » subie par d'innombrables enfants, en France et dans le monde. Cette notion, comme vous le verrez, explique à elle seule le *dysfonctionnement* chronique de notre institution judiciaire.**

C'est dans le cadre de « soirées spéciales » que l'enfant de « notable » subit très certainement un procédé formel « d'initiation à la pédophilie ». Beaucoup de témoignages font état d'enfants qui sont amenés par leur propre géniteur à « tourner » dans ces soirées spéciales, y subissant régulièrement viols collectifs et tortures. La majorité des cas, le parent qui fait subir ces horreurs à son propre enfant est un homme, mais il est quelques cas où il peut également s'agir du couple, ou uniquement de la mère. Si on a du mal à imaginer qu'une femme puisse pratiquer des violences sexuelles sur des enfants, ça n'est pas pour autant que cela ne se produit pas. En fonction de l'écrasement du traitement et de sa durée, la programmation appliquée aux enfants par la violence s'applique également sur des fillettes, lesquelles deviennent donc elles aussi prédatrices à l'âge adulte (…)

Les malades mentaux appartenant aux cercles « d'élite » sont donc invités à amener leurs propres enfants dans les séances qui permettent de « les préparer » à devenir les prédateurs soumis que le réseau veut en faire, à la grande gloriole de leurs géniteurs. Donc, en fonction de « l'importance », de la loge et du grade des « notables » en question, ces enfants peuvent même subir jusqu'à l'initiation à l'assassinat sacrificiel, par lequel très probablement leurs propres géniteurs seront passés eux-mêmes dans leur enfance, faisant d'eux ce qu'ils sont aujourd'hui. En l'occurrence, les malheureux enfants sont destinés à officier un

cran très largement au-dessus de la moyenne, probablement au niveau politique (…) Il est essentiel, pour comprendre l'ampleur du problème dans « notre » société, de considérer qu'une victime non secourue devient le plus souvent bourreau elle- même.

La souffrance subie dès les premières années, tant sur le plan physique que psychologique, ne peut être supportée sur le long terme que si le sujet finit par adhérer au traitement qui lui est infligé. (Sur du très court terme, la seule occultation de la réalité peut suffire, sans que pour autant les répercussions en matière de troubles de personnalité ne soient bénignes.)

Cette souffrance, jamais traitée, d'enfant martyrisé sur du long terme et jamais secouru, sera alors enfouie dans son subconscient, avec le message que rentrer dans le jeu du tortionnaire aura été le seul moyen de survivre à ses monstruosités. À ce niveau, effectivement, le « sujet » aura été invité à passer du rôle de victime à celui de bourreau, faisant le constat indicible qu'il s'agissait de l'unique moyen de ne plus être victime.

On retrouve également dans ce processus un peu du syndrome de Stockholm, où l'otage en vient à prendre le parti du preneur d'otages et à adhérer à sa cause, suite au traumatisme qu'il subit, entre terreur et impuissance. La notion d'injustice rentre quant à elle en ligne de compte dans l'inconscient du « sujet », comme une frustration majeure, jamais conscientisée, et donc jamais traitée. Cette notion n'aura jamais été conscientisée parce que le « sujet » aura été conduit à l'enfouir dans son subconscient, en occultant également cette notion d'injustice et en privilégiant la seule issue qui était de devenir lui-même bourreau. N'oublions pas que pour supporter l'insupportable, le cerveau humain active un processus de négation et d'occultation du réel vécu, qui conduit au dédoublement de la personnalité. Il est très facile à des bourreaux avertis, à l'instar des vulgaires briseurs de victimes des réseaux « classiques » de proxénétisme, d'atteindre le seuil du supportable chez leurs proies, au point que celles-ci déclenchent naturellement ce processus de « survie » psychologique qui fait d'elles des esclaves incapables de la moindre rébellion.

Mais la souffrance reste bien présente, profondément enfouie dans le subconscient de toute victime brisée. Cette souffrance et ces ressentis la parasiteront toute sa vie de façon envahissante. Pour éponger cette souffrance et ses frustrations inconscientes, le « sujet » aura été amené, encouragé par ses tortionnaires au fil des années, à développer des mécanismes à la base déjà naturels, de transfert sur d'autres sujets vulnérables. Ce « sujet » d'origine, devenu adulte, à défaut d'une thérapie profonde, continue donc à traiter ses propres souffrances par l'agression sexuelle qu'il reproduit le plus souvent sur ses propres enfants.

Car si l'ex-victime subissait elle-même comme enfant les abus de la part de ses propres parents, sa propre progéniture est ce qui lui permet justement ce transfert, cette forme « d'exorcisation » des souffrances vécues. Ces processus psychiques ont été très largement étudiés et décodés, depuis des lustres, par ceux qui entendent contrôler l'Humanité. Parallèlement à cela, le lavage de cerveau et la manipulation mentale appliqués dans les réunions de sociétés secrètes de type franc-maçonnerie, dès certains niveaux, répandent la croyance que la pratique de ce type de « magie sexuelle » appliquée jusque sur ses propres enfants, est ce qui permet à l'initié d'exalter son potentiel de domination, tout en préparant les générations futures – sa progéniture - à suivre ce chemin d'« élu ».

Cette malheureuse progéniture est ainsi programmée pour devenir l'élite de demain, parfaitement détraquée psychologiquement, véritable « docteur Jekyll et mister Hyde ».

Ceci permet aux notables concernés, aux criminels pédophiles de la pseudo-élite et à leurs réseaux d'influence, de conforter le grand public manipulé dans la croyance qu'il n'y a, en fait de réseau « pédophile », que des criminels isolés, spécimens monstrueux issus du « bas peuple ». Mais, si le problème peut être évité - ou qu'il ne s'agit pas en réalité d'une campagne de communication organisée par l'imposture politico-judiciaire - le criminel en question sera volontiers protégé par ce qui semble être le bras armé du réseau ; l'appareil judiciaire !

Il y a un autre schéma aujourd'hui très répandu ; le criminel auquel vous, en tant que parent protecteur, pouvez avoir affaire, fait partie de cercles d'influence tels que la Rose-Croix ou la Franc-maçonnerie, d'où il tire son impunité. Derrière des sociétés secrètes de ce type, nous retrouvons tout un procédé de cooptation et d'initiation rituelle, qui dérive graduellement et formellement vers le satanisme. Au-delà du dix-huitième degré pour la franc-maçonnerie, les rituels deviennent de plus en plus odieux, allant jusqu'au rituel sacrificiel d'enfant.

videmment, la grande majorité des personnes cooptées dans ces sociétés secrètes ne doute pas, de prime abord, qu'il puisse s'agir de crime organisé, de satanisme. Cela lui est présenté comme tout son inverse, et, au comble du machiavélisme, l'on parle de philanthropie, de bienfaisance. Ça ne sera qu'en grimpant les échelons, au fil du temps, qu'un franc-maçon percevra ce à quoi il appartient en réalité. Il aura entre-temps été profondément compromis, et aura goûté les fruits empoisonnés de la débauche et du pouvoir, du crime impuni, de ce sentiment exclusif d'être au-dessus de lois et des « masses incultes et stupides » (…) avant d'en arriver là, les membres sont insidieusement orientés vers des pratiques sexuelles de groupes, les orgies si « tendance » et ouvertement plébiscitées par l'imposture politique qui nous parle de « libéralisme ». L'orgie est donc devenue le divertissement privilégié des « notables ». Au-delà de la « joyeuse soirée », les sujets concernés glissent imperceptiblement vers la magie sexuelle, très prisée en satanisme.

Pour celles et ceux qui, naïvement, pensaient juste s'amuser entre amis de « la haute », à un moment donné, tout bascule. Pour les initiés déjà bien avertis, dans ces joyeuses soirées, l'expression de leur pouvoir s'exalte d'autant plus que d'innocentes victimes pré-pubères subissent l'effet de leurs pulsions, avec cette parfaite impunité que leur réserve leur statut… Le viol de l'être pur et innocent, avec son sacrifice, constitue la constante en matière d'expression de domination d'autrui, ainsi qu'un support essentiel en matière de rituel satanique. Plus le crime est odieux, plus l'impunité qui s'y attache confère à celui qui le commet un sentiment de pouvoir suprême, et, si nécessaire, un peu de cocaïne supprime toute capacité de se ressaisir.

Si tout le monde se tient par la… barbichette, dans ce type de cercles privés, le goût du pouvoir malsain sur autrui et de la débauche se développe rapidement, pour les membres sévèrement compromis. Ceux-ci choisissent de ne voir plus que les « bons côtés » de la situation, plongeant corps et âme dans l'abîme où ils sont précipités au fil des passages de grades et des rituels initiatiques. Les pseudos élites concernées en arrivent, en fonction de leur loge et grade, à apprécier des soirées privées où des enfants sont collectivement violés, certains étant parfois même torturés, cela pouvant aller jusqu'à la mise à mort sacrificielle (…) **Notre enquête en cours sur cette extension du présent sujet, tenterait, à l'heure actuelle, à prouver que ces pratiques sont répandues sur l'ensemble du territoire national, à l'instar de la Belgique, tout comme le Satanisme, et ce, précisons-le toujours, au niveau des cercles dits de pouvoir**…

L'emblème du Rite Écossais représente parfaitement cette notion de dualité, de double personnalité, par la représentation d'un aigle à deux têtes…

L'aigle à deux têtes, emblème du Rite Écossais Ancien et Accepté, figure sur cette bannière de l'orient de Valenciennes.

Tout comme Janus, ancien dieu romain aux deux visages, cher aux francs-maçons...

Les Fils de la Veuve et la Schizophrénie

La psychiatrie et en particulier la schizophrénie semble beaucoup intéresser les *Fils de la Veuve...*

Janus et l'initiation maçonnique

En 1934, aux États-Unis, le Rite Écossais de la Franc-maçonnerie a rejoint la Fondation Rockefeller dans le financement de la psychiatrie génétique et inaugura un programme de recherche sur la schizophrénie. Depuis la création de cette fondation de « bienfaisance » qu'est le *Scottish Rite Schizophrenia Research Program (SRSRP)*, le financement n'a cessé d'augmenter grâce aux contributions des membres de la fraternité Maçonnique. Depuis 1934, c'est plus de 6 millions de dollars qui ont été alloués à ce programme de recherche sur la

schizophrénie. Le but officiel du programme est de faire progresser la compréhension de la nature et des causes de la schizophrénie… C'est à l'hôpital St Elizabeth, Washington DC, qu'était basé à l'époque le SRSRP ; sous la houlette du Dr. Winfred Overholser, un franc-maçon membre important de l'Association américaine de psychiatrie et lié aux expériences de manipulation mentale de l'armée américaine. L'hôpital St Elizabeth étant connu pour avoir plus tard hébergé des expérimentations sur le contrôle mental de la CIA (MK-Ultra).

Les donations de la Franc-maçonnerie pour l'étude de ces troubles psychiques sont attribuées pour des projets clairement définis (orientation), plutôt que pour un soutien global de la recherche. Un de ces projets était de financer le psychiatre eugéniste Franz J. Kallmann pour qu'il mène une étude sur 1000 cas de schizophrénie, dans le but de mettre en avant le facteur héréditaire de ce trouble. L'étude de Kallmann a été publiée simultanément aux États-Unis et en Allemagne Nazie en 1938. De nos jours encore, certains spécialistes comme le Dr. Kenneth Kendler (ayant également reçu des aides financières du Rite Écossais/SRSRP) publient des études affirmant que la schizophrénie est d'origine génétique, évacuant ainsi la question des troubles dissociatifs et des origines traumatiques.

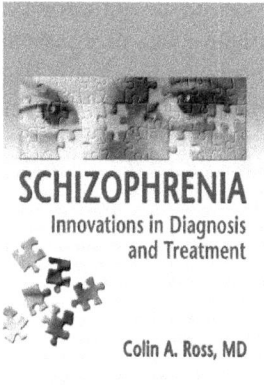

SCHIZOPHRENIA
Innovations in Diagnosis
and Treatment

Colin A. Ross, MD

Le Dr. Colin Ross réfute l'origine uniquement génétique et dénonce la malhonnêteté de ces études dites « scientifiques ». Spécialiste dans les troubles dissociatifs, Colin Ross affirme que beaucoup de patients atteints de « schizophrénie » présentent des symptômes étroitement liés au trouble dissociatif de l'identité. Des patients ayant également des antécédents de traumatismes psychologiques. Le fait d'affirmer que la schizophrénie a une cause principalement génétique permet d'évincer toute cause environnementale, notamment les traumatismes sévères de la petite enfance…

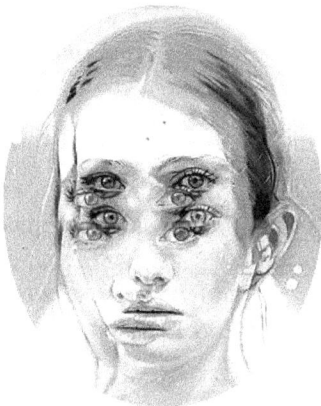

_a schizophrénie est aujourd'hui **une sorte de tiroir fourre-tout masquant la réalité du trouble dissociatif de l'identité**. Les symptômes suivants seront très souvent diagnostiqués à tort comme étant une _schizophrénie_ : amnésies dissociatives, dépersonnalisation, présence de plusieurs personnalités/identités distinctes, hallucinations auditives, tc…

Concernant les « hallucinations auditives » ou « voix dans la tête » - qui est un symptôme systématiquement considéré comme de la « schizophrénie » - il peut s'agir d'un fractionnement de la personnalité (T.D.I.) et du dialogue interne avec les personnalités alter. Dans l'édition de 1994 du DSM, les symptômes de voix qui dialoguent entre elles ou qui commentent systématiquement le comportement de la personne étaient considérés comme « schizophréniques ». Le médecin pouvait donc poser un rapide diagnostic de « schizophrénie » sur ce seul symptôme... Beaucoup de psychothérapeutes travaillant avec des patients ayant un T.D.I. ont constaté que ce phénomène des « voix dans la tête » était quelque chose de courant chez ces personnes ayant un lourd passif traumatique. De plus en plus d'études semblent faire le lien entre la dissociation et ces « hallucinations auditives ». Certaines études se sont consacrées exclusivement à cette question, notamment celle de Charlotte Connor et Max Birchwood intitulée : « *Abuse and dysfonctionnal affiliations in childhood : An exploration of their impact on voice-hearer's appraisals of power and expressed emotion* », ou encore celle de Vasiliki Fenekou et Eugenie Georgaca : « *Exploring the experience of hearing voices : A qualitative study* ».

Pour illustrer le lien entre « *voix dans la tête* », T.D.I. et traumatismes , revenons sur le témoignage de la multiple Régina Louf (affaire Dutroux) : « *Cela avait toujours été comme ça. A Knokke, chez ma grand-mère, **les adultes s'étaient rendu compte que je parlais aux voix dans ma tête, que je changeais rapidement d'humeur, ou même que je commençais à parler avec une autre voix ou accent.** Bien que je n'avais que 5 ou 6 ans, je compris que quelque chose comme ça était bizarre et n'était pas permis. **J'ai appris à cacher mes voix, mes autres***

« *moi* ». *Après ce qui était arrivé à Clo, les voix, et le sentiment bizarre que j'étais parfois menée par les voix internes devint plus fort. Après l'initiation, je ne résistais plus aux voix.* **J'étais heureuse de disparaître dans le néant**, *et seulement reprendre conscience quand Tony était là. La douleur semblait plus supportable.* »

Au niveau phénoménologique, il existe un chevauchement important entre les symptômes des troubles dissociatifs (particulièrement le T.D.I.) et la schizophrénie. **Une étude a montré qu'un groupe de patients diagnostiqués avec une schizophrénie par un psychiatre ou un psychologue, auquel vous faites passer un ₋ntretien standardisé lié aux symptômes dissociatifs a montré que 35 à 40% de ces patients, censés être schizophrènes, en ressortiront avec le diagnostic de trouble dissociatif de l'identité. Inversement, dans un groupe de patients diagnostiqué avec un T.D.I. auquel vous faites passer un entretien lié aux symptômes schizophréniques, les deux tiers ressortiront avec un diagnostic de schizophrénie.**

Un groupe de 236 patients souffrant d'un T.D.I. a montré que 40,8% d'entre eux avaient reçu auparavant un diagnostic de schizophrénie. (« *Multiple personality disorder patients with a prior diagnosis of schizophrenia* » - Colin Ross, G. Ron Norton, Journal "Dissociation", Vol.1 N°2, 06/1988)

Dans une étude intitulée « *Dissociation and Schizophrenia* » parue en 2004 dans le journal « *Trauma and Dissociation* », le Dr. Colin Ross et le Dr. Benjamin Keyes ont évalué les symptômes dissociatifs dans un groupe de 60 individus traités pour une schizophrénie. Ils ont trouvé que 36 sujets présentaient des caractéristiques dissociatives importantes, soit 60% de leur échantillon. Ces symptômes dissociatifs étaient accompagnés d'un taux élevé de traumatismes dans l'enfance ainsi que d'importants troubles tels que la dépression, le trouble de la personnalité limite (*Borderline*) ou encore le T.D.I..

Que ce soit dans le cas du T.D.I. ou de la schizophrénie, la dissociation est quelque chose de sous-jacent, tout comme l'origine traumatique de ces troubles de la personnalité.

En dépit des études qui ont clairement montré le lien entre troubles psychotiques, troubles dissociatifs et traumatismes, on remarque un fort déclin de l'utilisation du diagnostic de troubles dissociatifs. **Ce déclin s'expliquerait notamment par l'introduction du terme « *Schizophrénie* » pour décrire les patients montrant ce type de symptômes.** Entre 1911 et 1927, le nombre de cas rapportés de personnalité multiple, aujourd'hui nommé trouble dissociatif de l'identité, a diminué de près de la moitié suite au remplacement du terme « *Dementia Preacox* » par « *Schizophrénie* » par le psychiatre suisse Eugen Bleuler.

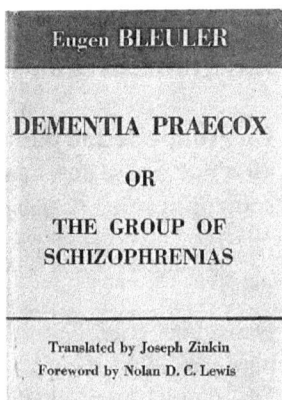

Eugen **BLEULER**

DEMENTIA PRAECOX

OR

THE GROUP OF
SCHIZOPHRENIAS

Translated by Joseph Zinkin
Foreword by Nolan D. C. Lewis

Le Dr. Rosenbaum explique cela en détail dans son article « *The role of the term schizophrenia in the décline of diagnoses of multiple personality* » (**le rôle du terme** « **schizophrénie** » **dans le déclin du diagnostic de personnalité multiple**).

¬ itz Springmeier soutient que des lizaines de milliers d'individus hospitalisés en psychiatrie pour « *schizophrénie* » sont des programmés multiples : des victimes ayant développé un T.D.I. suite à des protocoles de contrôle mental basé sur les traumatismes. Qualifier ces individus (les *papillons brisés*) de « *schizophrènes paranoïdes* » est rédhibitoire quant à leur crédibilité. Cela permettrait de s'en débarrasser discrètement en les enfouissant dans les électrochocs et la chimie des stituts psychiatriques.

Dans les affaires de pédocriminalité de réseaux où les victimes sont hautement dissociées par les traumatismes extrêmes, nous constatons que bien souvent leur parole est discréditée en raison de leur santé mentale... C'est un point crucial sur lequel s'appuient les agresseurs pour écarter les témoignages dérangeants : les victimes sont évidemment dissociées par les traumatismes répétitifs et il est donc mis en avant cet état psychologique « défaillant » afin de réduire à néant leurs témoignages... Il s'agit là d'une inversion malsaine consistant à ignorer le phénomène de cause à effet : **un témoin souffrant de sévères troubles dissociatifs a forcément vécu des traumatismes...**

'est ici qu'intervient le contrôle de l'information, c'est-à-dire faire en sorte que les recherches sur les troubles dissociatifs sortent le moins possible dans le domaine public. Tout a été fait pour ne pas relier les troubles dissociatifs aux traumatismes, si ce n'est tout simplement d'ignorer la réalité du phénomène de dissociation et ses conséquences psychologiques... pour le remplacer par un terme fourre-tout et anxiogène :

La SCHIZOPHRÉNIE.

Depuis plus de 80 ans, la Franc-maçonnerie a investi des millions dans la recherche sur la « *Dementia Preacox* », dite « *Schizophrénie* », qui comme nous venons de le voir est bien souvent causée par de sévères troubles dissociatifs résultant de traumatismes - Pour quels résultats thérapeutiques ? - Les patients diagnostiqués de nos jours avec une « schizophrénie » se retrouvent sous une lourde médication chimique au profit des laboratoires pharmaceutiques.

Une des conséquences négative de ces mauvais diagnostics est que le traitement donné pour une « schizophrénie » se basera principalement sur une médication lourde et addictive voire même dangereuse... Tandis que dans la thérapie du T.D.I., le traitement par les médicaments est quelque chose de secondaire ; la chimie peut servir à traiter la comorbidité mais elle n'est pas thérapeutique à proprement parler. **L'institution psychiatrique semble avoir peu de volonté pour venir véritablement en aide aux victimes et aux survivants de traumatismes en négligeant ou en ignorant totalement le sujet de la psycho-traumatologie et des phénomènes dissociatifs.**

Le pouvoir décisionnel des hautes loges Maçonniques n'en a que faire du bien-être des « schizophrènes »... Par contre, lorsque l'on sait que la « schizophrénie » est liée à bien des égards au trouble de la personnalité multiple ou trouble dissociatif de l'identité, voire à la possession démoniaque, dont sont atteints la plupart des survivants de sévices rituels et de contrôle mental, on commence à comprendre l'intérêt du lobby Maçonnique à y investir pour contrôler et orienter les recherches dans ce domaine... notamment celles qui évincent le diagnostic de T.D.I. au profit d'une « schizophrénie fourre-tout » ainsi que toute origine traumatique au profit d'une origine uniquement génétique. De plus, une victime dissociée par les rituels traumatiques, diagnostiquée par la suite, à tort, comme « schizophrène »

verra sa parole rejetée et réduite à néant, car considérée comme du *délire psychotique* (la belle aubaine pour les agresseurs)… Alors que les troubles dissociatifs dont elle souffre devraient être au contraire un fort indicateur quant à son vécu traumatique et l'importance de son récit.

Kathleen Sullivan, survivante d'abus rituels ayant développé un trouble dissociatif de l'identité, écrit dans son autobiographie : « *J'ai ressenti du désespoir en me remémorant ce que me disait toujours grand-père avant de me laisser seule dans cette pièce : que personne ne me croirait si je parlais, parce que le médecin traitant avait inscrit dans mon dossier que j'étais schizophrène. Grand-père me rappelait très souvent que « personne ne croit les schizophrènes, tout le monde sait qu'ils sont fous.* » »
(*Unshackled : a survivor's story of mind control* - Kathleen Sullivan, 2003)

Il existe donc une guerre de communication, ou plutôt une « *Guerre de la Mémoire* » en ce qui concerne les recherches scientifiques qui permettent de comprendre comment fonctionne le cerveau face aux traumatismes. **De ce fait, une désinformation accompagnée d'une rétention d'informations est mise en place pour éviter que ces études ne soient largement divulguées et enseignées dans les facultés de** médecine, pouvant ainsi se retrouver à lourdement peser dans les tribunaux pour défendre les victimes - dissociées - de ces réseaux pédocriminels...

C'est une véritable chape de plomb qui recouvre cette boîte de Pandore que représentent les abus rituels et le contrôle mental basé sur les traumatismes, c'est-à-dire le processus neurologique de la dissociation et de l'amnésie traumatique. Enscigner dans les facultés de médecine le fonctionnement scientifique de la dissociation, des murs amnésiques et du fractionnement de la personnalité reviendrait à révéler publiquement et académiquement une connaissance relevant de l'occultisme le plus profond (connaissance réservée aux hauts initiés des sociétés secrètes). Un savoir pourtant ancestral et utilisé de nos jours de façon systématique et malveillante par certains groupes de pouvoirs. Le processus de fonctionnement des esclaves sous programmation mentale n'est pas censé atteindre la sphère publique et profane...

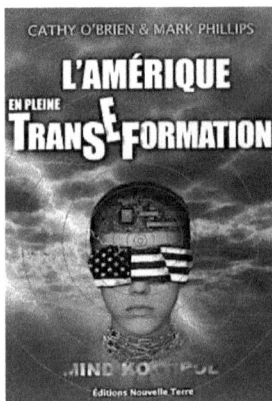

La plupart des étudiants en psychologie et en psychiatrie ne croient pas qu'un tel contrôle mental soit possible. Cela pour la bonne raison qu'ils n'ont aucune connaissance du concept basique qu'il y a derrière le contrôle mental basé sur les traumatismes, c'est-à-dire le T.D.I., un trouble de la personnalité multiple et amnésique, indispensable pour qu'un humain puisse travailler comme un robot dans des opérations clandestines... ou non.

« À ce jour, ni l'American Psychiatric Association, ni l'American Psychological Association n'ont publié de modèle de développement d'un protocole thérapeutique efficace sur les troubles dissociatifs (considérés comme résultant de traumas répétés). Un certain nombre de facteurs rendent le développement d'un tel modèle difficile. Le premier de ces facteurs concerne le secret que la Sécurité Nationale applique aux recherches classifiées sur le contrôle de l'esprit. Dans le climat actuel, adresser des victimes du contrôle de l'esprit à des professionnels de la psychiatrie pour un traitement équivaudrait à confier un patient nécessitant une opération d'urgence à un chirurgien auquel on aurait bandé les yeux et passé des menottes (...) Ce qui nous permettrait peut-être de jeter les bases d'une explication serait d'identifier « qui ? », au sein de notre gouvernement, aurait intérêt à bloquer de cruciales découvertes de la recherche médicale et autres informations d'ordre technologique vis-à-vis des professions psychiatriques (...) Passant à l'étape suivante et vous procurant alors un exemplaire de l'*Oxford's Companion To The Mind* (Oxford Press, 1987) du professeur de faculté, vous pouvez pratiquement y trouver tout ce qui concerne les recherches sur l'esprit sans la moindre référence au contrôle

de l'esprit. Peut-être aurez-vous maintenant le loisir de réaliser à travers les omissions des Random House, Webster et autre Oxford Press, <u>que vous êtes victime du contrôle de l'information</u>. »

(« *L'Amérique en pleine transe-formation* » - Cathy O'Brien & Mark Phillips - Éditions Nouvelle Terre, 2013, p.62-19)

Conclusion

L e présent dossier « Franc-Maçonnerie & Schizophrénie » soulève certaines questions légitimes et dérangeantes. Tout d'abord sur les origines lointaines de la Franc-maçonnerie, qui remonteraient aux religions antiques dites à Mystères, selon certains écrits de hauts degrés FM. Comme nous l'avons vu, les pratiques païennes de certaines de ces religions à Mystères intégraient les rituels initiatiques traumatiques mais aussi un certain culte de la fertilité entraînant des pratiques orgiaques, des sacrifices de sang ou encore le baptême de sang dans le culte de Mithras ; qui s'apparente sur beaucoup d'aspects à la Franc-maçonnerie moderne. Cela est un point de départ pour commencer à appréhender certains témoignages de victimes et survivants d'abus rituels, car au premier abord ces récits peuvent sembler fantaisistes et inventés.

Toutes ces victimes présumées décrivent avoir subi les mêmes pratiques rituelles traumatiques visant à obtenir des états dissociatifs dans un but de contrôle mental...

Nous constatons que la Franc-maçonnerie est un facteur commun dans beaucoup de ces témoignages... Quel intérêt auraient ces survivants, éparpillés aux quatre coins du monde, à préciser que leurs agresseurs étaient des francs-maçons ? Comment se fait-il que les mêmes méthodes de torture et de programmation mentale soient décrites par des victimes ne s'étant auparavant jamais rencontrées ? Comment peut-on inventer des choses pareilles ?

Nous constatons que l'américaine Jeanette Westbrook - fille de haut-fonctionnaire franc-maçon - décrit exactement le même protocole de contrôle mental que le témoin X1 de l'affaire Dutroux, Régina Louf : **c'est-à-dire la culture et l'entretien du trouble dissociatif de l'identité (et de ses murs amnésiques),**

résultant de l'inceste et des tortures ; cela à des fins de contrôle mental et d'exploitation sexuelle. C'est également ce que décrit la survivante américaine Cathy O'Brien, auteur du livre « *L'Amérique en pleine Transe-Formation* », mise en esclavage sexuel dans les hautes sphères politiques de par son trouble dissociatif de l'identité provoqué par l'inceste paternel.

Nous constatons que le témoignage de Samir Aouchiche concernant une cérémonie pédo-satanique de la crypto-maçonnique Golden Dawn rejoint totalement le témoignage du juge Pierre Roche au niveau des motivations « philosophiques » de ces sectes pédocriminelles :

Aouchiche nous rapporte les paroles du maître de cérémonie : « *Par notre sexualité enfin libérée du joug des oppresseurs judéo-chrétiens, nous nous purifions* (…) *Le sexe et tous les plaisirs de nos sens sont la seule loi à satisfaire.* »

Cela correspond parfaitement à ce que Charles-Louis Roche rapporte quant à la société secrète à laquelle appartenait son père : « *On leur raconte dans ce groupe que toutes les règles qu'on leur a mises en tête depuis le début, que ce soit à l'école, dans la société, etc, sont des limitations à leur liberté les empêchant d'atteindre la quintessence du genre humain, et qu'il faut donc rejeter toutes les règles, à commencer par les lois, par la morale, par la décence. Il y a nécessité de transgresser ces règles, de violer, parfois littéralement, tous les tabous pour faire sauter des sortes de verrous que l'on mettrait dans nos têtes depuis l'enfance. C'est ainsi que l'on commence par le viol, la torture, pour en arriver au meurtre… »*

Comme nous l'avons vu, ces sociétés secrètes fonctionnent avec un système de dualité, ou pluralité, servant à couvrir leur nature profonde… D'une part à tous les profanes, mais aussi et surtout pour masquer aux âmes séduites et fraîchement initiées - dans la *jovialité fraternelle* - leurs pratiques hautement immorales, voire criminelles. L'adepte doit donc être graduellement façonné et transformé à la manière d'une *pâte à modeler*. **Il s'agit d'un** « *décapage spirituel* » **visant à briser toutes ses barrières**

morales les unes après les autres. Ce « décapage » graduel est nécessaire pour faire sauter les *tabous* entravant la quête vers *la connaissance et l'éveil spirituel.* Au fur et à mesure de sa progression initiatique, l'adepte se voit petit à petit couper de sa véritable boussole morale. **C'est ainsi qu'un relativisme absolu se met en place, finissant par supprimer toute notion de Bien ou de Mal.** Il faut donc user de voiles subtils et de mystifications doctrinales et intellectuelles multiples pour cacher le « saint des saints » à ceux et celles qui ne sont pas encore aptes à intégrer le *message final* de cette « révélation ». Ce processus morbide (ou contre-initiatique) est amplement simplifié lorsque l'individu appartient déjà à la « Famille » ; il aura alors été soumis depuis sa plus tendre enfance aux protocoles traumatiques extrêmes visant d'un côté à développer chez lui les états dissociatifs nécessaires à la programmation mentale et de l'autre à supprimer toute notion de compassion pouvant entraver son ascension sociétale. Dans les hautes sphères des sociétés secrètes, le fractionnement de la personnalité des enfants via les rituels *initiatiques* traumatiques est quelque chose de systématique. Qu'il s'agisse des groupes mafieux, religieux, politiques ou militaires (tous chapeautés par les confréries initiatiques), d'une manière générale et internationale, ils savent tous que la dissociation, la fragmentation de la personnalité, est la clé du secret et du pouvoir ; mais aussi une clé pour obtenir certains individus hyper-créatifs avec des quotients intellectuels très élevés.

Il s'agit d'un train infernal pour ces individus passés à la *moulinette psychique* dans leur petite enfance, car s'ils ne s'extraient pas de ces sphères d'influence ils reproduiront ces schémas sur leur propre descendance, soumise à la Loge. C'est un véritable cercle vicieux pour ces familles engluées dans l'occultisme et les états dissociatifs. Voilà pourquoi il est impératif d'exposer à la lumière du *monde profane* ces pratiques afin de couper le mal à la racine et à son développement.

Cette philosophie destructrice qui consiste à obtenir la « **rédemption par le péché** », ou la « **sainteté à travers le mal** », vise **l'inversion systématique des valeurs morales ou le**

mal devient le bien et le bien devient le mal. Dans son livre intitulé « *Le Messie Militant* », Arthur Mandel définit ainsi cette notion de « rédemption par le péché » : « *Ce n'est rien d'autre que la vieille idée paulino-gnostique de la felix culpa, le péché saint de la route vers Dieu passant par le péché, le désir pervers de combattre le mal par le mal, de se débarrasser du péché en péchant.* »

Cette obscure doctrine se propage en grande partie par l'infiltration et la subversion des religions mais également des institutions travaillant dans les coulisses des gouvernements et oeuvrant derrière les façades démocratiques.

Le criminologue australien Michael Salter, auteur du livre « *Organised Sexual Abuse* », rapporte ainsi ces notions d'infiltrations et d'inversions systématiques : « *Les survivants ont décrit comment ces familles et groupes pratiquant les sévices rituels chevauchent des institutions religieuses ou des organisations fraternelles* (…) *Dans leurs pratiques d'abus rituels, ces gens semblent adopter et inverser les rituels traditionnels des grandes organisations qu'ils ont infiltrés. Les survivants décrivent avoir vécu dans* « *deux mondes* » *lorsqu'ils étaient enfants : d'un côté des institutions et idéologies religieuses et fraternelles bienveillantes, enchevêtrées d'un autre côté avec des rituels déviants et sadiques.* » (« *The Role of Ritual in the Organised Abuse of Children* », 2012 - Michael Salter)

En matière d'infiltration, et de double jeu, citons le **Frankisme** et le **Sabbataïsme**, une dégénérescence satanique du judaïsme et de la Kabbale, fondée par les autoproclamés « Messie » Sabbataï Tsevi (XVIIème siècle) et Jacob Frank (XVIIIème siècle). Le *Sabbatao-Frankisme* peut être considéré comme un proche ancêtre des illuminés de Bavière, entre autres… Il n'y a pas à proprement parler de culte Frankiste ou Sabbataïste puisqu'il s'agit d'une doctrine et d'une philosophie clandestines se propageant par l'infiltration et la subversion.

Dans son livre « *Jacob Frank, le faux messie* », Charles Novak écrit à propos du Frankisme : « *Ainsi, si le judaïsme prêche la virginité, la fidélité, et l'amour, Sabbataï et ses successeurs comme Jacob Frank prêchent, pour les jeunes filles, le sexe dès le plus jeune âge, les orgies sexuelles pour les jeunes garçons et l'échange de femmes pendant Shabbat. Au point que certains enfants frankistes ne connaissent pas leur vrai père biologique.*

Jacob et ses adeptes seront surpris en plein Shabbat orgiaque, en janvier 1756, dans la ville de Landskron et seront, à la demande des rabbins, expulsés de la ville pour orgie. Une femme se tenait au milieu, nue, pendant que les adeptes masculins chantaient la prière juive schabbatique (...) Puis, ils se précipitaient sur elle, transformant le rituel en orgie collective. Les rites sexuels frankistes, par la suite, consistaient en chansons, danses extatiques, mêlant hommes et femmes (...) les hommes et les femmes se dévêtaient et l'orgie collective commençait, la nudité devant rappeler Adam et Eve avant la chute (...) Les frankistes étaient connus pour leurs orgies sexuelles collectives parfois violentes. Par ces comportements nihilistes, où le 9 av devenait une fête de joie, on s'échangeait les femmes, là où l'on voulait détruire tout dogme...

Nous retrouvons là les orgies sacrées pratiquées dans les religions antiques dites « des Mystères », comme par exemple le culte de Dionysos/Bacchus, ce culte phallique lié à la fertilité, tout comme le culte Shivaïque en Inde ou d'Osiris en ancienne Égypte avec ses obélisques symbolisant le phallus.

Il est légitime de penser que de telles horreurs, pratiquées à une si grande échelle, ne peuvent rester à l'abri des journalistes, des enquêtes policières et des tribunaux... Il faut comprendre que la magistrature et les forces de l'ordre sont organisées en strates hiérarchiques, c'est ici qu'interviennent les *interférences* Maçonniques lorsqu'il s'agit de faire la lumière sur tel ou tel dossier, particulièrement dans les affaires de réseaux pédocriminels. À certains niveaux de la hiérarchie, les protections institutionnelles sont automatiques et maximales tant ces pions sont soumis au diktat de leurs propres vices (tenus par des dossiers compromettants)...

Les journalistes ont quant à eux compris que ce domaine d'investigation était hautement risqué et blackboulé par les grandes rédactions depuis une quinzaine d'années. On se souvient tout de même du documentaire explosif de France 3 « *Viols d'enfants : la fin du silence* » rapportant les témoignages de Pierre et Marie ; ces deux enfants qui racontaient comment ils auraient participé à des cérémonies pédo-sataniques avec sacrifices rituels d'enfants dans une structure sous-souterraine en région parisienne. C'est à cette occasion que l'ex-substitut du procureur de Bobigny, Martine Bouillon, déclara sur le plateau d'Élise Lucet qu'elle avait connaissance de charniers d'enfants découverts en région parisienne... sans pouvoir en dire plus en raison de l'instruction en cours.

Martine Bouillon sera sanctionnée par sa hiérarchie dès le lendemain. Elle a été mise au placard par le haut magistrat Michel Joubrel... qui par la suite sera lui-même mis en examen pour possession de pédo-pornographie, dont des photos de bébés de moins de 2 ans, selon les enquêteurs...

Beaucoup de journalistes connaissent l'existence de ces réseaux ultra violents, et savent pertinemment qu'ils ont tout à perdre (vie sociale, vie professionnelle, voir leur propre vie) s'ils s'attaquent à un tel morceau. D'autres sont certainement dans un déni, leur facilitant la vie... D'autant plus qu'aujourd'hui, à l'heure de l'athéisme et du relativisme généralisé, la question du pédo-satanisme relève pour beaucoup d'une *théorie du complot* de type *chasse aux sorcières*.

À partir de là, ils balaient d'un revers de main ce type de dossiers, bien qu'il y ait largement matière à enquêter.

Politiquement et médiatiquement, les réseaux pédocriminels n'existent pas... Il n'existe que des « prédateurs isolés » ou des « consommateurs d'images » sur Internet... Les réseaux produisant la pédopornographie n'étant quant à eux jamais inquiétés !

La première chose à faire pour le courageux quidam qui découvrirait le sujet est de commencer par l'étude du cas d'école qu'est l'affaire Dutroux en Belgique. On y retrouve la corruption institutionnelle (police et magistrature), la question du réseau, des pratiques *sataniques* des hautes sphères de la société (avec les témoins X), du contrôle mental basé sur les traumatismes (avec Régina Louf), mais aussi le rôle des médias mainstream ayant tous joué en chœur la même partition : c'est-à-dire la version - officielle - du prédateur isolé, évacuant honteusement la version, pourtant évidente, d'un vaste réseau impliquant des *gros poissons...*

Il est évident que la dureté et l'horreur d'un tel sujet repoussoir provoque le réflexe premier, et naturel, d'un individu qui est le rejet et le déni... Ce qui ne facilite pas les avancées en matière de recherche, de justice et d'aide aux victimes.

Face à de telles horreurs remettant en cause tout un paradigme sociétal, beaucoup de gens préfèrent se voiler la face même lorsque les évidences sont là...

Le Dr Petra Murkel a bien décrit ce phénomène dans l'émission Xenius de Arte :

« On veut entendre des histoires claires et plausibles, hors la vérité est souvent un obstacle. Elle apparaît trop compliquée ou bien elle ne correspond pas à nos valeurs morales, ni tout simplement à nos attentes. Nous nous mentons à nous-mêmes... La vérité peut être source de désespoir, tandis qu'un mensonge peut nous porter très longtemps. Les chercheurs ont aussi prouvé qu'une auto-manipulation intelligente était indispensable à la joie de vivre : elle est porteuse de sens et nous offre une structure. Du point de vue de l'évolution c'est évidemment un avantage, car un mensonge de toute une vie nous donne de la force pendant longtemps. »

Annexe N°1

Jung & Mozart : deux enfances initiées aux rituels traumatiques ?

L'illumination ne consiste pas à percevoir des formes ou des visions lumineuses, mais à rendre l'obscurité visible... C.G. Yung

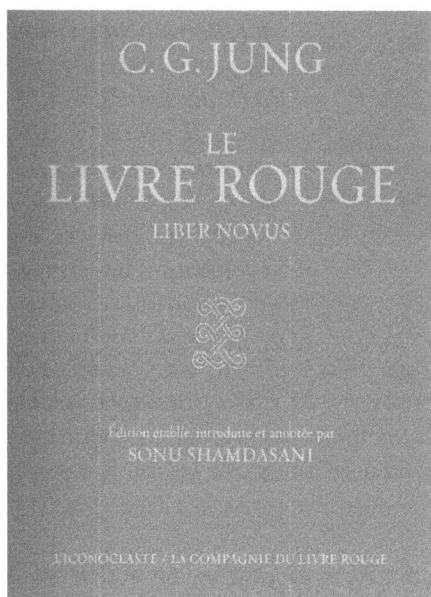

Dans son livre *Answer to Jung : Making sense of the Red Book* Lynn Brunet affirme que le célèbre ouvrage mystique de Carl Gustav Jung sobrement intitulé « *Le Livre Rouge* », contient de nombreuses références à la symbolique Maçonnique des hauts degrés, principalement du Rite Écossais. Ce livre, écrit entre 1914 et 1930, mais publié pour la première fois en 2009, est considéré comme une des œuvres majeures de la psychologie. Jung y a consigné ses rêves et fantasmes durant une période de confrontation avec l'inconscient où il croyait littéralement devenir fou, dans une *schizophrénie* dira-t-il... Entre textes calligraphiés, images, peintures, mandalas et une richesse étonnante de personnages imaginaires et de mythologie, le Livre Rouge raconte l'histoire d'un homme qui **doit retrouver son mythe et qui part à la recherche de son âme perdue.**

La philosophe Françoise Bonardel parle du Livre Rouge en ces termes : « *Ce que décrit Jung ici, c'est un voyage initiatique... Cela lui tombe dessus, un beau jour il se met à avoir des visions, des sortes de révélations, il va voir apparaître des personnages qui lui parlent, etc...* **Il décrit ce voyage dans les profondeurs de son inconscient avec des séquences extrêmement violentes, qui ressemblent à un scénario de mise à mort initiatique !** En particulier lorsqu'il descend dans les profondeurs et manque de se noyer dans une espèce de lac de sang (...) **Tout ça c'est vraiment une descente aux enfers, il traverse des épreuves** (...) **Voilà l'exemple même d'un voyage initiatique et d'une initiation sauvage, effectuée par quelqu'un qui a réussi quand même à garder le cap, à ne pas sombrer dans la folie.** » (Le Livre Rouge, un voyage initiatique - BaglisTV)

Lynn Brunet note dans la préface de son livre : De par mes propres mémoires d'initiation dans l'enfance et mes recherches effectuées sur les abus rituels Maçonniques, j'ai rapidement fait le parallèle entre les écrits de Jung et les épreuves initiatiques. Cela a ensuite été très révélateur lorsque j'ai lu *Memories, Dreams, Reflections* et découvert que **son grand-père paternel était un franc-maçon, vénérable maître de la loge bâloise** (...) **Cela soulève la possibilité que Jung puisse être une énième victime d'abus rituels Maçonniques. Ma question dans cette** étude est la suivante : Le Livre Rouge pourrait-il être un compte-rendu détaillé d'une série de mémoires, quoique extrêmement confuses et déroutantes, sur les initiations subies durant l'enfance et que l'on retrouve dans les témoignages contemporains d'abus rituels ?

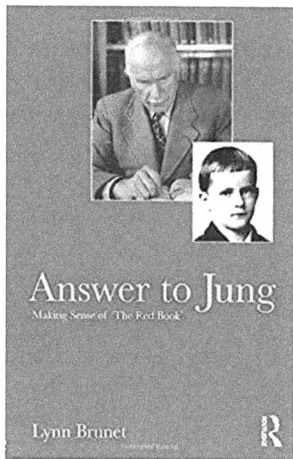

Dans une conférence intitulée « *Carl Gustav Jung et la Franc-maçonnerie* », le poète écrivain et éditeur Jean-Luc Maxence nous apprend que le père de Jung, modeste pasteur, était également franc-maçon : « *Peut-on vraiment dire que Jung a été très influencé dès son plus jeune âge par la Franc-maçonnerie, et qu'il aurait même établi les grands concepts de sa clinique, la psychologie des profondeurs, tout habité consciemment ou non des grands symboles de la Maçonnerie ? Une chose est sûre historiquement, dès son plus jeune âge, enfant puis adolescent, Jung a été physiquement entouré de francs-maçons spéculatifs. Il y a l'influence de son grand-père, Karl Gustav Jung Senior (…) quant à son père, comme chacun sait un médiocre pasteur, théologien plutôt passe partout, il était aussi franc-maçon… »*

Nous retrouvons là une forme de Maçonnerie transgénérationnelle, où de père en fils, les générations qui se succèdent sont systématiquement intronisées en Loge... la question du passage des enfants dans les rituels traumatiques initiatiques reste posée (au niveau de la haute hiérarchie). Plusieurs sources rapportent que son ancêtre Johann Sigismund dit Sigismund von Jung, juriste, était également franc-maçon mais aussi membre des « illuminés de Bavière » (*illuminati*).

Voici la quatrième de couverture du livre de Lynn Brunet : Le Livre Rouge est le récit de Jung sur une période de profonde introspection dans son inconscient lors d'un processus qu'il a appelé « *l'imagination active* », entrepris au milieu de sa vie. *Answer to Jung : Making Sense of 'The Red Book'* offre une lecture précise de ce texte magnifique et troublant ainsi que sur ses images fascinantes, et démontre que les fantasmes du Livre Rouge ne sont pas tout à fait originaux, **mais que leurs intrigues, leurs personnages et leurs symboles sont remarquablement similaires à certains rituels des hauts degrés de la Franc-maçonnerie. Le livre fait valoir que ces fantasmes peuvent être les souvenirs d'une série d'épreuves initiatiques terrifiantes, éventuellement subies pendant l'enfance, à l'aide de versions altérées ou fallacieuses des rites Maçonniques.** Le livre compare ensuite ces scénarios initiatiques aux récits de rituels traumatiques rapportés depuis les années 1980.

Le Dr James Randall Noblitt note dans son livre *Cult and Ritual Abuse* à propos de Jung et de son Livre Rouge : « *Durant la période où Carl Jung s'est engagé dans sa propre exploration intérieure, dans une « confrontation avec son subconscient », il a archivé ses pensées et son imagerie mentale dans une série de Livres Noirs, qui ont été assemblés par la suite pour former son Livre Rouge. Ce contenu n'a jamais été publié durant sa vie, il sera seulement partagé de manière confidentielle dans un groupe de gens sélectionnés. Ce remarquable volume a été gardé caché par la famille de Jung après sa mort, jusqu'à ce qu'il soit finalement publié en 2009. À la page 290 du Livre Rouge, se trouve un paragraphe intitulé* **The Sacrificial Murder (le meurtre**

sacrificiel) se référant à un rituel où un enfant est tué. Dans cette scène, Jung se décrit lui-même en train de manger un morceau du foi de l'enfant après qu'on le lui ait ordonné. Jung reconnaît lui-même que dans cet acte horrible, il a lui aussi été sacrifié. »

Sa propre autobiographie dépeint Jung, sa mère et sa cousine, Helena Preiswerk, **comme ayant des expériences de dissociation de l'identité**. Lynn Brunet rapporte également qu'une des biographes de Jung, Claire Dunne, fait référence à la révélation qu'il a fait à Sigmund Freud concernant un viol dont il a été victime étant enfant. Dunne s'étant référée à cet épisode tragique pour établir le titre de son livre « *Jung : Wounded Healer of the Soul* » (Jung : guérisseur blessé de l'âme).

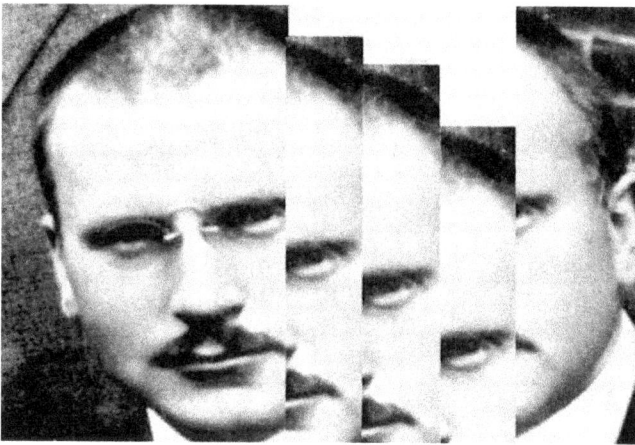

La blessure de laquelle Jung semble avoir été guéri pourrait être bien plus profonde que cela... Les fréquentes expressions de *douleur, souffrance, confusion* et *tourment* dans le Livre Rouge suggèrent explicitement qu'il traite de la question du traumatisme et que l'interprétation de ses contenus symboliques aurait besoin d'incorporer la psychologie et la physiologie du trauma. Jung avait une très bonne connaissance des concepts physiologiques de dissociation, d'amnésie et de traumatisme...

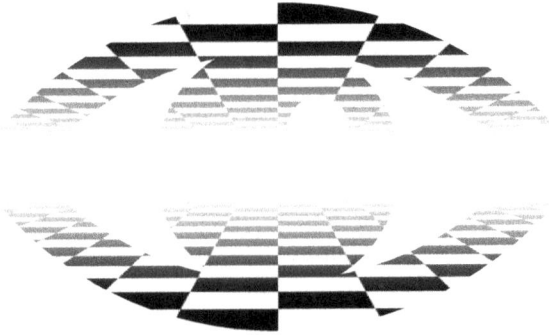

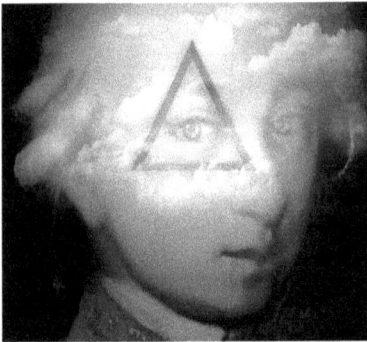

Wolfgang Amadeus Mozart est également un de ces *grands hommes* de l'histoire ayant baigné depuis son enfance dans les milieux Maçonniques. Le religieux et musicologue Carl de Nys, ayant consacré une grande partie de sa vie à l'étude de l'œuvre de Mozart, rapporte que ce dernier, ayant grandi à Slazbourg, était très imprégné des idées Maçonniques. **Il y avait à l'époque dans cette région une floraison de loges Maçonniques telles que les illuminés de Bavière, plus connus sous le terme « *illuminati* ».** Le milieu dans lequel Mozart a grandi était totalement imprégné par cette spiritualité occulte. Carl de Nys nous apprend que ces illuminés de Bavière tenaient souvent leurs réunions dans le parc de Aigen à Salzbourg. Ils en avaient fait une sorte de forêt des dieux avec des autels, des monuments funéraires, etc. **Ce parc appartenait à l'époque à un de leurs membres, un ami proche des Mozart… La cérémonie d'initiation se passait au « *Trou des Sorcières* » : une grotte dont l'entrée était flanquée de deux colonnes soutenant un symbole des Mystères d'Isis, c'est-à-dire un Sphinx ailé… La tradition rapporte que dès l'époque romaine, cette grotte avait servie aux fidèles de Mithras et d'Astarte.** Les cérémonies d'initiation avaient lieu la nuit et la grotte était éclairée par des torches, ce qui est tout à fait le décor de la scène des « épreuves » au deuxième acte de *La Flûte Enchantée*. **Carl de Nys affirme sources à l'appui que le jeune Mozart participait aux «** *réunions nocturnes* **» dans cette grotte du parc de Aigen** et que c'est bien cela qui lui a inspiré cette scène initiatique... (*Mozart chez les francs-maçons* - les archives de la RTS, 02/01/90)

Grotte des *illuminati* (Hexenloch) près du château d'Aigen, Salzbourg

Selon Carl de Nys, la famille Mozart était donc liée à la loge des illuminés de Bavière qui semblait bien pratiquer les rites initiatiques des antiques religions à Mystères, notamment des Mystères de Isis.

Les grottes et les cavernes étaient en effet des lieux propices aux sombres initiations. Éliphas Lévi (ecclésiastique et occultiste français né Alphonse-Louis Constant) décrit ainsi certains rituels initiatiques antiques : « *Les grandes épreuves de* **Memphis et** **d'Éleusis** *avaient pour but de former des rois et des prêtres, en confiant la science à des hommes courageux et forts. Il fallait, pour être admis à ces épreuves, se livrer corps et âme au sacerdoce et faire l'abandon de sa vie.* **On descendait alors dans** **des souterrains obscurs** *où il fallait traverser tour à tour des bûchers allumés, des courants d'eau profonde et rapide, des* *ponts mobiles jetés sur des abîmes, et cela sans laisser éteindre et s'échapper une lampe qu'on tenait à la main. Celui qui chancelait ou qui avait peur ne devait jamais revoir la lumière ; celui qui franchissait avec intrépidité tous les obstacles était reçu parmi les mystes, c'est-à-dire qu'on l'initiait aux petits mystères. **Mais il restait à éprouver sa fidélité et son silence, et ce n'était qu'au bout de plusieurs années qu'il devenait épopte, titre qui correspond à celui d'adepte** (...) Ce n'est pas dans les livres des philosophes, c'est dans le symbolisme religieux des anciens qu'il faut chercher les traces de la science et en retrouver les mystères (...) **Tous les vrais initiés ont reconnu l'immense utilité du travail et de la douleur. La douleur, a dit un poète allemand, c'est le chien de ce berger inconnu qui mène le troupeau des hommes. Apprendre à souffrir, apprendre à mourir, c'est la gymnastique de l'Éternité, c'est le noviciat immortel.** »* (« *The History of Magic* » - Éliphas Lévi, 1999, p.122)

Les anciens Grecs connaissaient bien **les effets d'un profond stress physiologique pour modifier chez un individu les perceptions du monde. Les prêtres de la Grèce antique employaient des rituels traumatiques pour « guérir » certains malades. Pour cela ils les faisaient descendre dans la caverne de *Trophonios*...** La personne était préparée à ce rite par un jeûne, une lustration (cérémonie de purification par l'eau) et une privation de sommeil. Puis on la faisait descendre dans le souterrain pour la laisser seule dans l'obscurité complète. Les gaz enivrants qui s'exhalaient dans cette caverne, ou possiblement le manque d'oxygène, ne tardaient pas à agir sur la personne en provoquant d'épouvantables rêves ainsi que des visions. C'est alors que l'on venait la secourir juste à temps et la sortir de la grotte pour la ramener à la lumière et au grand air.

Ce genre d'épreuves causait un véritable traumatisme censé guérir le malade. Le psychiatre William Sargant n'hésite pas à utiliser le terme de « *lavage de cerveau* » pour décrire les rituels de l'oracle de *Trophonios*, au cours desquels le sujet expérimentait donc la privation sensorielle, les techniques de confusion visuelles et auditives ainsi que la prise de psychotropes. Tout comme nous allons voir aujourd'hui un psychiatre lorsque nous avons besoin de conseils ou d'un traitement, les anciens Grecs consultaient les oracles dans le même but. Avant d'aller voir l'oracle, la personne devait d'abord expérimenter une privation de sommeil, des chants répétitifs, la prise de drogues et enfin s'aventurer en solitaire dans de profondes et sombres cavernes. **Cette longue et épuisante lutte, qui pouvait durer plusieurs jours, la mettait dans un état de stress physiologique extrême.** Ensuite, lorsque l'oracle lui révélait certaines choses, la personne pouvait en comprendre le sens **grâce à cet état de conscience altéré qui lui procurait une autre vision du monde.** (« *Source for the Study of Greek Religion* » - David Rice, John Stambaugh, 1979, p.144)

Carl de Nys affirme que les illuminés de Bavière de Salzbourg pratiquaient leurs cérémonies initiatiques dans une grotte dont l'entrée était flanquée de deux colonnes soutenant un Sphinx ailé, symbole des Mystères de Isis… Dans son ouvrage intitulé *"Métamorphoses"*, l'écrivain Apulée semble décrire **sa propre initiation aux Mystères d'Isis et d'Osiris** auxquels il aurait été initié lors de son séjour en Grèce : « *Le grand prêtre écarte ensuite les profanes, me fait revêtir d'une robe en lin écru, et, me prenant par la main,* **m'emmène dans le plus profond du sanctuaire.** *Sans doute, ami lecteur, votre curiosité va s'enquérir de ce qui se dit, de ce qui se fit ensuite. Je le dirais, s'il m'était permis de le dire ; vous l'apprendriez s'il était permis de l'apprendre. Mais il serait crime au même degré pour les oreilles confidentes et pour la bouche révélatrice. Si cependant c'est un sentiment religieux qui vous anime, je me ferais scrupule de vous tourmenter. Écoutez et croyez, car ce que je dis est vrai.* **J'ai touché aux portes du trépas ; mon pied s'est posé sur le seuil de Proserpine. Au retour j'ai traversé les éléments. Dans la profondeur de la nuit, j'ai vu rayonner le soleil. Dieux de* *l'enfer, dieux de l'Empyrée, tous ont été vus par moi face à face, et adorés de près. Voilà ce que j'ai à vous dire, et vous n'en serez pas plus éclairés. »*

Nous retrouvons donc ici trois composantes essentielles des sociétés secrètes de type Maçonnique : **la mort et la résurrection, l'épreuve par les éléments et enfin l'illumination**. Il est possible qu'il s'agisse ici **d'un rituel traumatique entraînant le candidat à l'initiation dans une expérience aux frontières de la mort** *(j'ai touché aux portes du trépas)* **avec un profond état de dissociation** *illuminant* **sa conscience** *(j'ai vu rayonner le soleil).*

Quels rites initiatiques a pu vivre le petit Mozart lorsqu'il était emmené dans le « *Trou des Sorcières* » par ces illuminés de Bavière ou *illuminati* ?

Temple Maçonnique de la Fraternité et de l'Union à Rennes (35)

Annexe N°2

Traumatisme et Dissociation dans la Mythologie Maçonnique

Extraits du livre « *Terror, Trauma and The Eye In The Triangle* » Lynn Brunet - 2007, p. 64 à 83

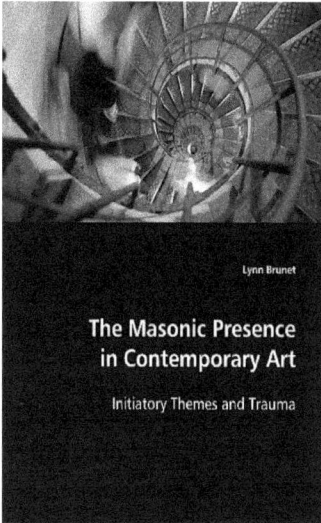

Le Temple de Salomon a souvent été interprété comme une métaphore pour le corps humain. L'auteur franc-maçon Albert Mackey confirme cela lorsqu'il écrit : « Les cérémonies du troisième degré dans lesquelles une construction délabrée représente métaphoriquement les détériorations et les infirmités liées à la vieillesse du corps humain. » Les deux colonnes, Jakin et Boaz représentent l'entrée du Temple. Dans la littérature kabbalistique, ces deux piliers correspondent au côté droit et au côté gauche du corps avec leur effet miroir (...) C'est ici que se trouve le lien avec les fonctions gauche et droite du cerveau humain qui contrôlent chacun le côté opposé du corps, il s'agit de la controlatéralité. Ces deux piliers peuvent aussi représenter des qualités comme la sévérité et la clémence, le concept de blanc et de noir, Adam et Ève, mâle et femelle, etc...

Le Temple de Salomon était destiné à fournir un abri permanent pour l'Arche d'Alliance, qui depuis l'époque de Moïse était abrité sous une tente (...) Dans un plan du Temple de Salomon, représenté dans un document maçonnique intitulé « The Two Pillars », l'Arche d'Alliance se trouve dans le Saint des Saints avec l'autel de l'encens juste à côté.

(ndlr : Lynn Brunet fait le parallèle entre l'Arche d'Alliance et le thalamus, une structure présente au cœur du cerveau)

Le mot thalamus est un dérivé du mot grecque signifiant une « chambre interne », communément utilisé comme chambre nuptiale. Le thalamus est situé au centre du cerveau, il est complètement recouvert par l'hémisphère cortical et il est la passerelle principale qui relaie les informations sensorielles vers le cortex cérébral, les principaux flux intrants au cortex doivent passer à travers le thalamus. Comme le note Francis Cricks, « *L'idée que le thalamus est une clé de lecture pour la conscience n'est pas nouvelle. Son rôle est de maintenir en harmonie le système somatosensoriel, ainsi que l'activité mentale et émotionnelle d'un individu.* » Il observe également qu'une grande partie du thalamus est nommée le « pulvinar », un mot qui signifie à l'origine un « coussin" ou un « oreiller » (...) une autre déclinaison signifie « canapé sacré » ou « siège d'honneur ».

Ce choix de terminologie pourrait-il faire référence au trône de grâce de l'Arche de l'Alliance logé dans le Saint des Saints ? Si oui, le positionnement de l'autel de l'encens juste à proximité du Saint des Saints pourrait être une référence symbolique au fait que l'odorat est le seul sens qui n'implique pas un croisement des voies nerveuses entre le cerveau et le corps : le côté droit du nez est connecté au côté droit du cerveau. La relation étroite de l'odorat avec la mémoire est bien connue (...) Lorsque Salomon a recréé une « maison » pour l'Arche, il a placé les chérubins de telle manière pour que leurs ailes touchent le côté de chaque mur. En termes physiologiques, les ailes des chérubins peuvent représenter symboliquement les deux côtés du cortex cérébral qui touchent l'intérieur des parois du crâne et qui se rencontrent face à face dans la chambre interne où réside la conscience. Vu de cette manière, le « Trône de Grâce » pourrait alors représenter symboliquement la capacité du cerveau à organiser le chaos, c'est-à-dire la masse continuelle d'informations sensorielles entrantes et traitées instantanément par le thalamus (...) La Chambre du Milieu (qui marque la fin de l'initiation des trois premiers degrés maçonniques : Apprenti, Compagnon et Maître) et son escalier en colimaçon sont deux symboles maçonniques importants (...) Mackey écrit que les Compagnons, les travailleurs du Temple, montent l'escalier en colimaçon pour accéder à la Chambre du Milieu. Il interprète cette Chambre du Milieu comme l'endroit où la Vérité est reçue et l'escalier en colimaçon comme un symbole de progression spirituelle.

Les recherches sur le thalamus ont montré qu'il contenait un certain nombre de centres d'activités, appelés des « noyaux ». Le principal est appelé le « noyau ventral caudal (ou postérieur) ». Le neurologue Chihiro Ohye écrit que « dans le noyau ventral caudal se trouve une zone appelée le noyau ventral intermédiaire qui contient des grappes de cellules dispersées. La stimulation électrique de cette partie du noyau induit une sensation de tournoiement ou d'élévation, une sorte d'ascension. » (...) La psychologue Susan Blackmore déclare que certaines expériences hallucinogènes peuvent avoir un impact sur les cellules du cerveau en produisant une vision composée de rayures en spirale qui peuvent apparaître comme un tunnel sur le cortex visuel. En termes physiologiques, le symbole des escaliers en colimaçon peut donc être une façon d'illustrer ce sentiment physique de tournoiement et d'ascension avec cette vision hallucinatoire. Pour ce qui est de ce lieu où est reçue la « Vérité », il est possible que cette Chambre du Milieu puisse être un endroit familier pour ceux qui étudient la méditation, une zone du cerveau qui n'est ni à droite, ni à gauche, un état de calme totalement centré où l'individu peut ressentir un sentiment de connexion avec le divin (...) Disposée quelque part dans le thalamus, la salle intérieure ou « chambre nuptiale », peut être une autre manière de représenter le concept mystique du mariage alchimique (ou noces chymiques), représenté comme le concept de l'hermaphrodite, ou en termes Jungiens, une condition selon laquelle les aspects masculins et féminins de la psyché sont en harmonie totale (...)

En matière de traumatologie, la légende d'Hiram peut être considérée comme un texte métaphorique qui représente ce qu'il se passe physiologiquement lorsque la terreur est utilisée pour produire l'expérience de la *lumière intérieure*. Cette *lumière intérieure* est ce sentiment de conscience cosmique ou d'immortalité à laquelle on accède par la lente ascension spirituelle représentée dans le second degré. La Franc-maçonnerie

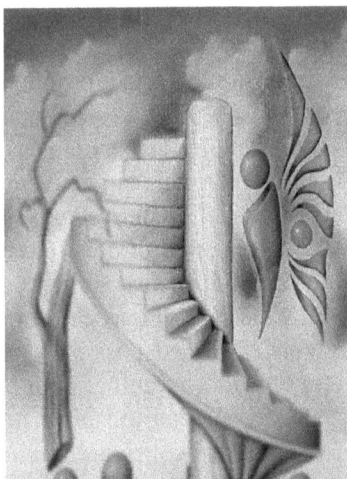

appartient à la tradition Gnostique. La figure de Lucifer, le « Porteur de Lumière », la lumière de l'expérience mystique, est au coeur de cette tradition. La relation entre Lucifer et la psychologie du traumatisme est mise en lumière dans une pièce

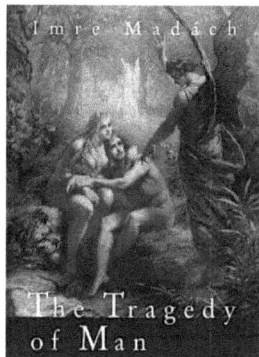

de théâtre intitulée « La Tragédie de l'Homme », écrite par le Hongrois Imre Madach et analysée par l'anthropologue Geza Roheim. Lucifer qui est le personnage central de la pièce est appelé « l'Esprit du Déni ». Dans cette pièce, Lucifer invite Adam à voler dans l'espace (c'est-à-dire à se dissocier de la réalité) pour échapper à l'écume de la vie terrestre : « *La douleur cessera lorsque nous aurons cédé et qu'aura disparu le dernier lien qui nous lie à notre Mère la Terre* ».

Cette capacité humaine d'échapper à la terreur et à la douleur émotionnelle ou physique intense par le déni et la dissociation peut avoir été exploitée par la Franc-maçonnerie dans le but d'atteindre des expériences mystiques. En interférant dans le processus cérébral par un trauma physique ou psychique (choc, terreur, hypnose), l'esprit peut subir un dérèglement de la notion du temps et éprouver un sentiment d'intemporalité (...)

Le mythe d'Isis et d'Osiris, utilisé dans le Rite Écossais peut également être une illustration métaphorique du processus traumatique. Mackey écrit que « *Osiris a été tué par un typhon et que son corps a été coupé en morceaux, ses restes mutilés ont été jetés dans le Nil et dispersés aux quatre vents. Sa femme Isis, en deuil de la mort et de la mutilation de son mari, rechercha pendant plusieurs jours les parties du corps, et après les avoir retrouvés, elle a réuni les morceaux pour lui faire*

une inhumation décente. Osiris, ainsi restauré, est devenu une des principales divinités égyptiennes et son culte s'est uni à celui d'Isis, pour former une déité fécondante pour la fertilisation de la nature » (...) Si l'on interprète les personnages Isis et Osiris en termes de structures du cerveau, Isis représente le cerveau droit, les attributs intuitifs, et Osiris représente le cerveau gauche, les attributs logiques et linguistiques.

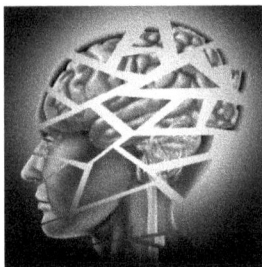

Des dommages causés par un traumatisme peuvent entraîner des problèmes d'enregistrement de la mémoire dans l'hémisphère gauche et peuvent ainsi affecter la capacité de l'individu à parler des événements qu'il a subi du fait que le transfert d'informations du cerveau droit est « mutilé » ou parcellaire. Il est alors difficile pour l'individu de reconstituer les fragments de la mémoire qui sont comme les pièces d'un puzzle. Ces dieux égyptiens pourraient être interprétés comme incarnant ce phénomène de troubles de la mémoire de l'esprit fragmenté suite à une expérience traumatique.

Les références à des mutilations ou à de l'auto-mutilation chez les dieux mythologiques sont abondantes dans la littérature magique et religieuse de l'Égypte ancienne. Les mutilations que s'infligent les dieux sur eux-mêmes, sont généralement dues à des stress émotionnels de différents types. Budge note que dans d'autres scénarios relatifs au thème de la mort et de la résurrection dans le mythe Osirien d'Horus, fils d'Isis et d'Osiris, Horus a pour rôle de redonner la vie lors d'une étreinte, une gestuelle rappelant les « Cinq Points du Compagnonnage maçonnique ». « *Horus est venu à Osiris, qui était en l'état d'un homme mort, et il l'embrassa. Par cette étreinte il lui transféra son propre KA (double), ou une partie de la puissance qui y habitait. L'étreinte est en fait un acte par lequel l'énergie vitale se transfère de l'embrasseur à l'embrassé.* » Budge observe que l'embrassade peut aussi être métaphoriquement considérée comme une restauration de l'information dans le centre linguistique du cerveau gauche dans le but d'une guérison psychique après un traumatisme majeur. Alan Watt, en étudiant le thème du fractionnement dans le mythe d'Osiris et d'autres mythes anciens, fait valoir que le démembrement sacrificiel d'un être divin est un processus volontaire, celui de l'autosacrifice. Il écrit : « *Il s'en suit logiquement que là où il y a un démembrement (déconstruction) au début, il y a une reconstruction à la fin* (ndlr : Ordo ab Chao ou Dissoudre puis Coaguler) *Il s'agit du jeu cosmique qui consiste en la découverte de ce qui est caché et le souvenir de ce qui a été dispersé.* »

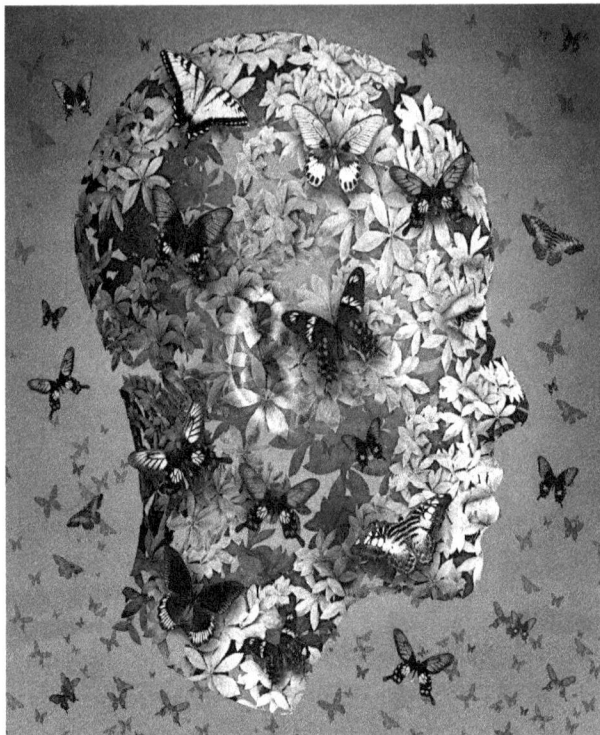

La conclusion de Watt est à mettre en lien avec une notion concernant la mémoire dans les processus spirituels ainsi que le rôle de la concentration pour réduire les pensées dispersées. Je dirais que ce mythe est encore plus approprié lorsqu'il est appliqué à la nature de la mémoire traumatique, de sa répression et sa remémoration (...) Le franc-maçon Leadbeater suggère que l'initiation dans sa forme la plus pure implique une sorte de connexion avec le divin et c'est ce que les différents degrés maçonniques représentent. Le « déchirement en fragments » suggère que l'initiation nécessite une compréhension de l'utilisation de chocs afin de produire un certain état de conscience, qui s'il est produit correctement, peut créer la sensation de ne « faire qu'un avec l'univers ». Un tel état de conscience est aujourd'hui considéré par le domaine médical comme un exemple d'état de dissociation. Casavis, dans une analyse sur l'origine grecque de la Franc-maçonnerie, note le rôle que tient la fragmentation dans les Mystères Osiriens. Il observe que la plante sacrée de ce culte à Mystères était l'Erica, venant du mot grecque « eriko » qui signifie « *briser en morceaux* ».

Le franc-maçon Albert Mackey rapporte que le symbole égyptien le plus pertinent pour la franc-maçonnerie est celui de « l'œil qui voit tout », interprété sur le plan mystique comme l'œil de Dieu, mais aussi comme *le symbole de la vigilance divine et du soin de l'univers*. L'adoption du triangle équilatéral est le symbole de la divinité, que l'on retrouve à travers différentes cultures. Mackey écrit : « *Chez les Égyptiens, le lièvre était le hiéroglyphe des yeux ouverts, il en est ainsi car ce fragile animal est censé ne jamais fermer ses organes de vision, il est toujours à l'affût de ses ennemis. Le lièvre a ensuite été adopté par les prêtres comme un symbole de l'illumination mentale ou de la lumière mystique qui est révélée aux néophytes lors de la contemplation de la vérité divine, pendant le déroulement de leur initiation. Et donc, selon Champollian, le lièvre était aussi le symbole d'Osiris, un dieu*

principal, montrant ainsi le lien étroit entre le processus d'initiation dans leurs rites sacrés et la contemplation de la nature divine. »

Une des conséquences des traumatismes lourds est un état connu sous le nom « d'hypervigilance ». Il s'agit d'une attention permanente et une peur épuisante, où la victime, comme le lapin ou le lièvre, est constamment à l'affût du danger. Lorsque Osiris a été ressuscité, il possédait « l'œil qui voit tout ». Si la reconstruction d'Osiris représente la récupération des souvenirs traumatiques, alors cette capacité de « tout voir » peut être traduite comme la capacité d'affronter la mort ou le mal. Ces notions de faire face à la mort, l'idée du voyage et de la renaissance dans les textes maçonniques prennent donc une certaine signification avec les théories contemporaines sur la mémoire et les traumatismes. D'un point de vue physiologique, il est intéressant de noter que les neurones qui semblent être les plus associés à la conscience, sont décrits comme des cellules pyramidales.

Nous pouvons faire le parallèle avec le symbolisme de la découverte d'Isaac Newton sur la décomposition de la lumière blanche dans les différentes couleurs de l'arc-en-ciel à travers un prisme de verre triangulaire. L'œil dans le triangle maçonnique incarne la physique de Newton dans le sens où il peut être une représentation visuelle du fractionnement faisant référence à la dissociation, à l'illumination de la conscience (...)

Ici, la philosophie des Lumières sur le lien entre Terreur et Sublime décrite par Edmund Burke devient pertinente. Toutes les choses qui véhiculent de la terreur, dit-il, « *sont une source du Sublime, ils produisent l'émotion la plus forte que l'esprit est capable de ressentir.* » Peut-être cela fait-il écho à la recherche neurologique. L'endroit où toutes ces fonctions semblent se coordonner est appelé le système limbique, comprenant le thalamus, l'amygdale, l'hippocampe et d'autres structures. Comme le dit Pierre-Marie Lledo : « *Tout comme les limbes de la mythologie Chrétienne, le système limbique est l'intermédiaire entre le cerveau néo-mammalien du paradis et le cerveau reptilien de l'enfer.* » (...)

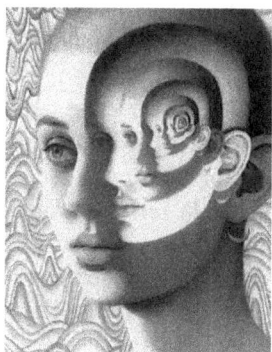

Sur le tablier maçonnique du 21ème degré, le Noachite ou Grade Prussien, est un humain ailé qui tient l'index de sa main droite sur ses lèvres et une clé dans sa main gauche. Cette représentation est connue comme la figure égyptienne du Silence (...) Dans le système maçonnique, la Tour de Babel est une image liée aux souvenirs et à l'oubli, liée à la confusion et à la perte du langage. Selon les francs-maçons : « *Passer devant la Tour vous fait oublier tout ce que vous savez* » (...) Le personnage ailé du Silence sur le tablier maçonnique du 21ème degré peut aussi

représenter ce processus de dissociation. L'incapacité de parler de l'expérience traumatique est représentée par l'index droit tenu devant la bouche, la main droite étant contrôlée par le cerveau gauche, le côté du cerveau qui affecte le langage. La main gauche (symbolisant l'accès au côté droit du cerveau où les mémoires traumatiques dissociées sont stockées) détient la « clé » d'accès à ces mémoires.

Les histoires du Déluge et de la Tour de Babel peuvent être interprétées comme une autre métaphore représentant le fonctionnement du cerveau au cours d'un traumatisme. Dans beaucoup d'écrits sur les traumatismes, l'expérience est décrite comme « une sortie du corps », un phénomène lié au processus de dissociation. Un sentiment de paix est alors ressenti lorsque la personne se déconnecte psychiquement de la terreur, trouvant ainsi un moyen naturel de s'échapper. L'envol le « l'âme » hors du corps dans des situations traumatisantes est représenté par la libération de la colombe hors de l'Arche de Noé et symbolise, en termes physiologiques, l'effet opioïde libéré dans le cerveau lorsque la terreur « inonde » le corps physique (...) Après le Déluge (de terreur), l'arc-en-ciel (l'identité dissociée) devient alors un symbole d'espoir parce que le flot de la terreur est oublié et que l'individu peut survivre (...) La vie des individus devient psychologiquement « divisée » après avoir connu quelque chose qui aurait pu les tuer. Dans les textes cabalistiques, l'arc-en-ciel est également lié avec la Voie du Caméléon, cet animal qui change de couleur en fonction de son environnement. Cela est à mettre en lien avec le phénomène de la personnalité multiple où l'individu est capable de s'adapter à différentes situations avec des personnalités distinctes (alter ou fragments de personnalité). Toute cette symbolique donne lieu à la possibilité que l'histoire de l'Arche de Noé et de l'Arche d'Alliance peuvent également correspondre à des métaphores pour des processus liés au cerveau humain...

Annexe N°3

Définition de la Dissociation résultant des traumas

Extrait du mémoire « *L'Abus Rituel : Le point de vue d'intervenantes en agression sexuelle* », présenté par Christine Jacques en 2008 à l'Université du Québec en Outaouais au Département de travail social.

L'abus rituel demeure un sujet très peu connu des différents milieux d'intervention. Le manque de consensus quant à la façon de conceptualiser l'abus rituel et la controverse qui l'entoure nuisent à sa reconnaissance. Cette recherche qualitative comporte trois objectifs : documenter et analyser l'information concernant l'abus rituel, faire avancer les connaissances et la compréhension de ce genre d'abus à partir du point de vue d'intervenantes en agression sexuelle qui ont soutenu des femmes l'ayant subi dès la petite enfance, et contribuer à l'avancement des connaissances sur le sujet dans le milieu d'intervention francophone. Des entrevues semi-structurées ont été effectuées auprès de huit intervenantes qui pratiquent dans différents services d'aide aux victimes d'agression sexuelle et qui ont reconnu être intervenues auprès d'au moins deux survivantes d'abus rituel (…)

UQO UNIVERSITÉ DU QUÉBEC EN OUTAOUAIS

Il est également recommandé que plus de recherches soient faites sur l'abus rituel notamment en ce qui a trait à la programmation, une méthode de contrôle de la pensée, et en matière de dissociation chez les survivantes d'abus rituel. Il

est surtout nécessaire de développer plus de connaissances pratiques en intervention dans ce domaine. Plus de recherches devront également se pencher sur les liens existants entre l'abus rituel et le sadisme sexuel, ainsi que l'abus rituel et les réseaux d'exploitation sexuelle d'enfants.

La Dissociation

L'ensemble des participantes traite de la dissociation lorsqu'elles abordent la question des séquelles. Rappelons que certaines d'entre elles reconnaissent que les individus qui commettent l'abus rituel provoquent la dissociation chez les personnes qu'ils abusent et ce, afin d'obtenir un plus grand contrôle de leur personne. Néanmoins, la majorité des participantes (6/8) conçoivent avant tout la dissociation comme étant un mécanisme de défense normal et essentiel qui permet aux victimes de survivre à l'intensité des abus et aux traumatismes qui en découlent.

Kluft, Herman, Putnam et d'autres, ont beaucoup contribué à définir la dissociation et les critères de sa forme la plus extrême : le trouble dissociatif de l'identité, anciennement appelé trouble de la personnalité multiple. Ils ont identifié ce trouble avec notamment la présence de barrières amnésiques dissociatives, provoquant la fragmentation du « soi » et la présence de plusieurs personnalités distinctes - ou identités alter - qui ont été créées pour surmonter un traumatisme intolérable, généralement lors de graves sévices pendant l'enfance. (Beardsley, 2002, p. 111)

Rappelons également que contrairement à l'approche psychiatrique, les participantes ne considèrent pas la dissociation comme étant un désordre ou un trouble mental. Elles utilisent donc le terme dissociation ou personnalités multiples pour traiter du sujet plutôt que celui de troubles dissociatifs tel que présenté dans le Mini DSM-IV (1994) des critères diagnostiques de l'American Psychiatric Association ou le mini manuel des critères diagnostiques. Elles témoignent toutefois des conséquences qui découlent de ce mécanisme de défense dans la vie actuelle des femmes qui l'ont développé. De plus, la moitié d'entre elles traitent de la façon dont la dissociation est utilisée en abus rituel.

La moitié des participantes présentent une brève explication de ce qu'est la dissociation. Une d'elles dit que la dissociation est un des impacts les plus importants de l'abus rituel et que les enfants qui en sont victimes apprennent à dissocier. « *L'enfant se dissocie à un très bas âge parce que quelque chose d'intolérable se produit. Son esprit se sépare et l'enfant dissocie pour gérer et faire face à quelque chose qui autrement serait impossible à gérer ».*

La dissociation peut se manifester à différents degrés. Ainsi, certaines participantes (3/8) parlent de dissociation qui consiste en une incapacité à évoquer des souvenirs personnels, passés ou récents, tandis que les autres (5/8) traitent plus spécifiquement d'un degré qu'elles considèrent plus extrême de la dissociation, soit ce qu'elles nomment comme étant « les personnalités multiples ». Soulignons que la dissociation sous forme de personnalités multiples origine seulement des traumatismes subis durant la petite enfance.

La dissociation qui se manifeste par une incapacité à évoquer des souvenirs fait en sorte que certaines survivantes d'abus rituel ont très peu de souvenirs de leur enfance. Une des participantes parle d'amnésie en disant que les survivantes peuvent avoir bloqué certains souvenirs se rattachant aux traumatismes subis ; leurs souvenirs surviennent généralement lors de flash-back. Une autre parle plutôt de l'incapacité de certaines survivantes à évoquer des souvenirs plus récents. La dissociation fait en sorte que les survivantes peuvent parfois perdre contact avec le présent et avoir l'impression qu'elles revivent des moments traumatisants de leur passé. Les femmes qui se dissocient de cette façon peuvent être dans cet état pendant quelques heures allant jusqu'à quelques jours. Ces femmes ne sont plus totalement conscientes ou en contrôle de ce qu'elles font durant cette période et peuvent se retrouver dans des situations qu'elles n'endosseraient pas nécessairement si elles n'étaient pas dans un état dissociatif.

Plus de la moitié des participantes (5/8) disent qu'il est souvent question de personnalités multiples chez les survivantes d'abus rituel qu'elles accompagnent. Voici la façon dont une d'elles l'explique :

« La dissociation extrême, ou plus particulièrement la formation de ce que l'on appelle des personnalités multiples, ou ce que d'autres appellent le trouble dissociatif de l'identité, signifie que la survivante a divisé son esprit en plusieurs parties et les a séparées les unes des autres pour qu'elle puisse, comme exemple, expérimenter de la torture durant la nuit et le lendemain être complètement inconsciente de ce qu'elle a subi... La journée suivante, elle pourra donc aller à l'école et performer de façon relativement normale puisqu'il y aura eu deux parties ou plus d'impliquées. Une d'entre elles prend la relève à l'extérieur du conscient de la première partie. Les survivantes peuvent donc avoir deux ou plusieurs différentes identités qui sont séparées dans l'inconscient les unes des autres. »

Ainsi, les survivantes d'abus rituel peuvent parfois sembler vivre une vie normale, aller à l'école ou avoir un emploi, mais en fait, elles ne peuvent assumer leur vie qu'en fonction de leurs capacités dissociatives développées lors des traumatismes subis. C'est comme si ces personnes vivent une double vie. Cette façon de gérer leur quotidien correspond à un des éléments du concept de dissociation selon van der Hart, Nijenhuis et Steele (2006) :

« Les individus chroniquement traumatisés sont pris dans un terrible dilemme. Ils n'ont pas la capacité d'intégration adéquate et les compétences mentales pour réaliser consciemment et pleinement leurs terrifiantes expériences. Ils doivent poursuivre leur vie quotidienne qui parfois même inclus les personnes les ayant maltraités et violentés. L'option la plus rapide pour eux est de mentalement mettre de côté leur passé et présent douloureux et autant que possible maintenir une façade de normalité. »

Tout comme ces auteurs, la participante qui dit que les survivantes d'abus rituel vivent comme si elles avaient une double vie, souligne qu'il y a un stress créé par le fait de se comporter comme si tout était normal.

Ainsi, la dissociation plus extrême, soit les personnalités multiples, signifie que l'identité de la personne est divisée ou fragmentée en deux ou plusieurs « parties ». Il s'agit d'une seule et même personne mais son identité est construite de façon divisée. Le terme « multiplicité » est couramment utilisé pour traiter du sujet ainsi que le mot « parties » pour parler de ces différentes divisions de la personnalité. Les différentes parties de l'identité sont distinctes dans le sens qu'elles présentent différents aspects, caractéristiques ou états de personnalité. Chacune des parties ont ainsi leurs propres modalités c'est-à-dire connaissances, façons d'être, d'agir, de penser, de ressentir, de se percevoir, de concevoir l'environnement et de se situer dans le temps. De plus, les parties sont séparées dans l'inconscient et ne sont pas nécessairement conscientes les unes des autres. Par conséquent, certaines parties ne sont pas conscientes des abus subis tandis que d'autres préservent les souvenirs se rattachant à ce vécu.

Plus de la moitié des participantes (5/8) décrivent certaines façons dont se présente la dissociation ou la multiplicité chez les survivantes d'abus rituel. La femme, ou la partie « hôtesse », peut simplement mentionner ce que des voix intérieures lui disent tandis que d'autres vont témoigner de leurs « parties intérieures ». Elles peuvent également dirent qu'elles commencent à perdre la notion du temps, ou qu'elles ont toujours perdu la notion du temps. Le terme hôtesse est utilisé pour traiter de dissociation extrême pour identifier la femme ou la partie qui est présente lors des rencontres d'intervention. Une des participantes précise que le terme parties intérieures pour traiter de dissociation extrême se rapporte aux personnes qui ont des personnalités multiples et qui ont développé ce que l'on appelle un « système dissociatif » soit un système de parties intérieures. L'utilisation du mot « système », souvent utilisé pour traiter de multiplicité, équivaut à la personne entière ; toutes les parties intérieures de la personne sont donc prises en considération.

Ces intervenantes témoignent également des différences qu'elles ont observées entre chacune des parties des survivantes d'abus rituel qui ont développé des personnalités multiples. «On peut voir chez les femmes qui ont des personnalités multiples à quel point chacune des parties est différente ; certaines parties sont droitières, d'autres gauchères. Certaines femmes peuvent même démontrer des changements physiques quand certaines parties se présentent ».

La moitié des participantes disent que des parties enfants se présentent à elles. Elles précisent que c'est majoritairement les parties enfants qui leur parlent des abus subis. Une d'elles dit que c'est parfois comme si c'était une autre personne qui parle : une voix d'enfant, un garçon ou une fille. Une autre mentionne que les parties peuvent également utiliser différents prénoms lorsqu'elles se présentent.

Il semble important de préciser que l'ensemble des intervenantes interviewées parle de dissociation que vivent encore les survivantes d'abus rituel. La dissociation est un impact qui est présent lors des abus et qui continue durant la vie adulte. La moitié d'entre elles disent n'avoir jamais rencontré une survivante d'abus rituel pour qui il n'est pas question de dissociation. Certaines (3/8), mentionnent que quelques-unes des survivantes qu'elles accompagnent ont déjà reçu un des diagnostics associés aux troubles dissociatifs avant de les rencontrer.

Soulignons toutefois qu'une des participantes fait une mise en garde en disant que malgré le fait que plusieurs survivantes d'abus rituel ont développé des personnalités multiples, il importe de ne pas généraliser. À titre d'exemple, elle dit avoir accompagné deux sœurs qui avaient subi de l'abus rituel et que seulement une des deux avait développé des personnalités multiples.

Malgré le fait que l'ensemble des participantes juge que la dissociation est un mécanisme de défense normal, plus de la moitié d'entre elles (5/8) reconnaissent que ce moyen peut devenir un obstacle pour les survivantes. En effet, il est parfois difficile pour les survivantes d'abus rituel qui dissocient ou qui ont des personnalités multiples de rester en contact avec le présent. Cette perte de conscience du moment présent est un des facteurs de la dissociation qui aujourd'hui nuit aux survivantes d'abus rituel. Voici comment une des participantes explique certaines des difficultés que vivent les survivantes d'abus rituel qui ont des personnalités multiples : « Certaines parties d'elles-mêmes peuvent vivre dans le passé. Cela peut être très difficile à travailler. Certaines femmes n'ont pas de souvenirs de leurs parties ; c'est également difficile à travailler. Comment est-ce qu'une femme peut connecter quand elle perd la notion du temps, qu'elle ne connaît pas une de ses parties et quand cette partie ne se présente pas quand elle est en suivi avec toi ? »

Deux autres participantes expliquent que la dissociation rend le processus de guérison plus complexe pour certaines survivantes d'abus rituel puisqu'elles dissocient ou vivent continuellement des flash-back. Cela limite leurs possibilités de prendre pleinement conscience de leur réalité. Ces intervenantes témoignent avant tout de l'impuissance causée par la dissociation, plus particulièrement chez les femmes qui ont des personnalités multiples. Une autre dit que la dissociation rend les survivantes d'abus rituel plus vulnérables et plus à risque de revivre d'autres situations d'abus puisqu'elles ne sont pas pleinement en contrôle d'elles-mêmes. Une dernière explique ce qu'elle considère être une des particularités de la dissociation qui résulte de l'abus rituel. À son avis, l'abus rituel « reste toujours présent, ce n'est jamais du passé, c'est toujours présent. Même si les agresseurs ne sont pas là, les mémoires sont tellement fraîches et la dissociation les ramène comme si elles étaient encore là ». Ainsi, la dissociation, qui était nécessaire à la survie des victimes d'abus rituel, peut maintenant être un obstacle dans leur vie actuelle.

Rappelons que certaines participantes (3/8) disent que les agresseurs connaissent et utilisent les capacités dissociatives des victimes. La dissociation rend les victimes plus influençables et cette vulnérabilité facilite le processus de programmation. Elles croient que les agresseurs vérifient les capacités dissociatives des victimes et que cette démarche leur permet de déterminer les meilleurs moyens à prendre pour provoquer ce mécanisme afin de les contrôler de façon continue.

Annexe N°4

Contrôle Mental basé sur les traumatismes

Extrait du mémoire « *L'Abus Rituel : Le point de vue d'intervenantes en agression sexuelle* », présenté par Christine Jacques en 2008 à l'Université du Québec en Outaouais au Département de travail social.

Les méthodes utilisées pour la programmation

Telles que présentées dans le cadre théorique, les techniques de contrôle de la pensée sont la pierre angulaire de l'abus rituel. Cette recherche nous apprend que les intervenantes interviewées utilisent principalement le terme programmation pour traiter du sujet.

Selon les résultats obtenus, les méthodes utilisées pour la programmation sont les premiers indices qui permettent de reconnaître qu'il est question d'abus rituel. Ceci concorde d'ailleurs avec l'importance accordée à la façon dont les abus sont exécutés. Nous croyons en effet qu'il s'agit des principales caractéristiques de l'abus rituel qui permettent de le distinguer des autres formes d'abus. En ce sens, nous reconnaissons que les méthodes utilisées pour la programmation sont les éléments qui choquent, surprennent et donnent une allure bizarre aux récits des survivantes.

Rappelons que les résultats relatifs à la programmation traitent de deux éléments distincts soit : le but visé par la programmation et les méthodes utilisées pour le faire.

Selon les résultats obtenus, la programmation vise à transformer le sens d'identité et de liberté des victimes, à créer un sentiment de terreur continu et ce, afin d'obtenir un contrôle absolu et continu de leur personne. Ces résultats viennent ainsi appuyer ceux concernant le but visé par l'abus rituel. À la lumière des résultats obtenus, nous pouvons dire que les méthodes utilisées pour programmer les victimes d'abus rituel sont des techniques d'abus soigneusement choisies par les agresseurs. Ces résultats concordent avec ceux traitant de la nature organisée de l'abus rituel et ceux liés aux séquelles qui en découlent.

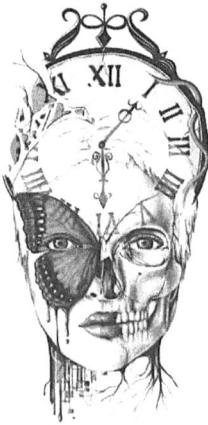

Les participantes disent que la terreur est à la base même de la programmation. Les agresseurs utilisent, entre autres, différentes menaces afin de créer un sentiment de danger continu chez les victimes. Les résultats démontrent que les enfants victimes d'abus rituel sont menacées de mort si elles parlent des abus subis. Elles sont également menacées soit d'être de nouveau abusées ou, du tort qui sera fait à des personnes qui leur sont proches. En d'autres mots, les victimes d'abus rituel sont programmées à croire qu'elles sont continuellement en danger. C'est en confrontant l'ensemble des résultats obtenus qu'il devient possible de comprendre que ce sentiment de menace persistant découle avant tout de la terreur créée par les abus subis durant l'enfance. En plus de la programmation, les traumatismes subis et la dissociation font en sorte que l'intensité du sentiment de terreur, conditionné durant l'enfance, persiste à l'âge adulte. Ainsi, tel que soulevé par plusieurs des résultats obtenus, ce sentiment de danger continu est programmé afin de faire taire les victimes et ce, afin de cacher la réalité des activités criminelles commises en abus rituel. En ce sens, c'est par le silence qu'ils imposent que les agresseurs maintiennent un pouvoir absolu et continu sur leurs victimes.

Les résultats relatifs à la programmation correspondent à l'information présentée par Borelli (2006) suite à sa recherche

documentaire sur le sujet. Elle cite, entre autres, Oglevie (2003) qui indique les trois principes du contrôle de la pensée, soit le secret, le pouvoir et le contrôle. Selon cet auteur : *Les personnes qui utilisent le contrôle de l'esprit sont obsédées par le pouvoir... Ces personnes perpétuent et instillent le contrôle de l'esprit à travers la crainte et la panique chez leurs sujets* (cité par Borelli, 2006, p.54). De plus : *Lorsque les agresseurs utilisent le contrôle de l'esprit, le silence des victimes est quasiment garanti.* (Ibid, p. 55). Cette information permet ainsi de démontrer le lien existant entre la programmation et la nature secrète et clandestine de l'abus rituel.

Les résultats obtenus au cours de cette recherche démontrent également que la programmation est la toile de fond de chacun des abus. Nous sommes du même avis que les participantes qui disent que, ce qui caractérise l'abus rituel, c'est que les abus sont perpétrés à partir même d'une programmation. Par conséquent, les résultats décrivant la façon dont les différentes formes d'abus sont perpétrées doivent être interprétés comme étant des moyens utilisés pour faciliter la programmation. Selon les résultats obtenus, la programmation est une méthode d'abus psychologique extrême créée à partir de longues séries de conditionnements. Rappelons les différentes méthodes utilisées pour la programmation telles que présentées au cours de cette recherche :

- La provocation d'un état dissociatif

- La répétition de messages

- L'utilisation : de simulations ; de mises en scène ; de rituels ; de symboles spirituels ou religieux ; d'animaux ; de chocs électriques ; de drogues ; de la privation.

La dissociation provoquée

Selon certains résultats obtenus au cours de cette recherche, les personnes qui commettent l'abus rituel connaissent, utilisent et provoquent délibérément la dissociation chez les personnes qu'ils abusent. Voici les propos d'une des participantes à cet effet : « *Afin de survivre aux abus sévères, les enfants se dissocient et les agresseurs d'abus rituel prennent avantage de ça. Ils créeront, de façon intentionnelle, la dissociation afin de cacher ce qu'ils font et ce, pour une longue période de temps* ».

Une deuxième participante précise que la dissociation extrême, ou la multiplicité, permet aux agresseurs de programmer l'oubli ou la négation des abus qu'ils commettent.

Rappelons que la majorité des participantes croient que la capacité des jeunes victimes à pouvoir se dissocier est un élément important qui permet aux agresseurs d'obtenir le contrôle des victimes. En ce sens, les résultats traitant de l'utilisation de la dissociation pour faciliter la programmation correspondent à l'analyse de Gould et Cozolino (1992), quant à l'importance de l'âge des victimes lorsque les abus commencent.

« *Les programmeurs recommandent que le contrôle de l'esprit commence avant que l'enfant n'atteigne l'âge de six ans ; la petite enfance étant propice aux états dissociatifs. Les drogues, la douleur, les agressions sexuelles, la terreur et d'autres formes de violence psychologique, font en sorte que l'enfant se dissocie face aux intolérables expériences traumatiques. La partie de l'enfant qui s'est scindée / fractionnée afin de gérer le traumatisme, deviendra extrêmement poreuse aux suggestions et à la programmation lors des sévices.* » (cités par Beardsley, 2002, p. 13)

Ainsi, les résultats concernant la provocation de la dissociation comme méthode pour faciliter la programmation valident ceux démontrant l'importance de cet impact chez les survivantes d'abus rituel.

L'utilisation d'un système de croyance

Tel que nous l'avons vu dans le cadre théorique, la présence d'un système de croyances en abus rituel est une des premières caractéristiques qui a permis de reconnaître ce genre d'abus. Elle est en effet à l'origine de la première conceptualisation de l'abus rituel le nommant comme étant de l'abus satanique. L'analyse des résultats permet de comprendre que la présence d'un système de croyance en abus rituel est plutôt une des méthodes utilisées pour la programmation. En ce sens, notre analyse diffère des premières conceptualisations de l'abus rituel. Soulignons toutefois que nous avons reconnu différents problèmes relatifs à la conceptualisation de l'abus rituel qui découlent des résultats liés à l'utilisation d'un système de croyance.

C'est en confrontant les résultats se rattachant à la présence d'un système de croyance en abus rituel avec ceux décrivant les méthodes utilisées pour la programmation que nous en arrivons à reconnaître qu'il s'agit d'une des méthodes utilisées pour programmer les personnes qui en sont victimes.

Tel que souligné par une des participantes, les agresseurs utilisent un système de croyance comme stratégie pour cacher la réalité des abus qu'ils commettent. Elle avance que les croyances utilisées en abus rituel servent essentiellement à terroriser les jeunes enfants qui en sont victimes. Elle précise que c'est le cas pour ce qui est de l'utilisation de la croyance satanique.

Dans le même ordre d'idées, certains propos tenus par d'autres participantes soulèvent également le lien existant entre l'utilisation d'une croyance et la programmation.

Il peut y avoir des croyances spécifiques de programmées. Je sais que pour certaines survivantes il y a une croyance religieuse ou spirituelle d'utilisée mais jusqu'à présent, pour celle dont je te parle, on n'a jamais pu identifier qu'ils tentaient d'imposer une croyance spécifique à part le fait d'imposer la terreur ; vraiment la terroriser et la rendre impuissante.

Rappelons que plus de la moitié des participantes disent qu'il est parfois difficile d'associer une croyance religieuse ou spirituelle aux abus. À la lumière des résultats obtenus, nous pouvons dire que les groupes d'individus qui commettent l'abus rituel utilisent majoritairement une croyance maléfique ou toutes formes d'idéologie leur attribuant un pouvoir quelconque.

Rappelons certaines des croyances utilisées en abus rituel mentionnées au cours de cette recherche ; le satanisme, le vaudou, la santeria, des croyances maléfiques et des croyances plus mystiques associées à des forces supérieures ou à la sorcellerie. Deux participantes déclarent que toutes les formes d'idéologies et de croyances sont utilisées comme justification ou comme toile de fond aux abus commis en abus rituel. En ce sens, l'utilisation d'un système de croyance permet essentiellement de terroriser et de dominer les victimes, ce qui concorde avec le but visé par la programmation. Par conséquent, la croyance importe peu : elle ne sert qu'à consolider le pouvoir des agresseurs.

Comme le témoignent certaines participantes, il peut d'ailleurs être question d'abus organisés autour de l'idéologie de la supériorité de la race blanche, comme chez les nazis ou le Klu-Klux-Klan, ou simplement d'imposer la croyance d'être née pour servir et obéir à son père.

Soulignons que seulement trois participantes mentionnent le satanisme au cours de cette recherche. Deux d'entre elles sont toutefois d'avis que le satanisme n'est qu'une façade aux abus. En effet, une des caractéristiques de l'abus rituel est que les agresseurs se servent d'une croyance pour orchestrer leurs abus. En ce sens, nous sommes du même avis que la participante qui dit que les gens ont tendance à accorder trop d'attention à la notion de croyances et surtout au satanisme lorsqu'ils traitent d'abus rituel. Toutefois, il existe bel et bien des pratiques et des symboles sataniques associés à certains des témoignages d'abus rituel. Les participantes ont été en mesure de présenter comment l'utilisation de la croyance satanique se manifeste parfois en abus rituel. Les intervenants sociaux doivent ainsi comprendre qu'il est souvent question d'éléments sataniques dans les récits des survivantes d'abus rituel dont la pratique de rituels et de cérémonies sataniques.

Une des participantes prétend que les agresseurs ont misé juste en utilisant la croyance satanique dans le cadre des abus : l'attention est détournée des actes criminels qu'ils commettent. Les gens sont plutôt soit attirés par ce phénomène mystérieux qu'est le satanisme, soit perplexes et apeurés par ce qu'il représente. D'ailleurs, le témoignage de survivantes qui présentent des éléments associés au satanisme est souvent remis en cause de par le caractère bizarre et invraisemblable de leurs récits.

La répétition de messages

Les résultats obtenus démontrent qu'une des techniques utilisées pour la programmation est la répétition de messages. Selon les résultats obtenus, voici trois objectifs relatifs à cette méthode :

- attribuer ou implanter un sens d'identité négatif

- maintenir les victimes dans un sentiment de terreur et de menaces

- assurer le silence entourant les abus

- dicter aux victimes des comportements qu'elles doivent avoir.

La répétition des messages négatifs vise ainsi à transformer le sens d'identité et de liberté des victimes. Ces résultats correspondent aux trois objectifs de la programmation selon Hassan (2000, cité par Borelli, 2006). Cet auteur dit que le contrôle de la pensée vise à influencer la façon dont une personne pense, réagit et se ressent.

L'utilisation de simulations et de mises en scène

Cette recherche nous apprend que la majorité des intervenantes interviewées reconnaissent que les simulations et les mises en scène sont des méthodes utilisées pour orchestrer les abus perpétrés en abus rituel.

Selon les participantes, les simulations et les mises en scène permettent aux agresseurs de manipuler leurs victimes. Tel que préalablement soulevé dans le cadre de cette discussion, les rituels, c'est-à-dire les scénarios et les mises en scène peuvent être liés à des pratiques associées au sadisme. Ces méthodes tendent essentiellement à terroriser, à confondre les victimes et à leur faire croire qu'ils détiennent le pouvoir absolu. Les agresseurs altèrent la réalité en modifiant le contexte dans lequel les abus sont commis. De plus, tout comme Sullivan (1989), nous croyons que les agresseurs se servent également de ces simulations et mises en scène afin de se protéger contre toutes formes de représailles possibles : *L'élément rituel (par exemple le culte du diable, le sacrifice animal ou humain) est considéré par beaucoup comme incroyable, ce qui nuit à la crédibilité de la victime et réduit les chances d'obtenir justice pour ces crimes.* (cité par Borelli, 2006, p. 27). Créer des situations qui paraissent souvent invraisemblables fait en sorte, une fois de plus, de cacher les activités criminelles qu'ils commettent. En lien avec les résultats relatifs aux différents systèmes de croyance utilisés en abus rituel, il importe de souligner que les simulations et les mises en scène ne se limitent pas à des pratiques associées au satanisme. Voici les résultats qui s'y rattachent :

-   La mise en scène de rituels spirituels ou religieux

-   L'utilisation de symboles spirituels ou religieux

-   L'utilisation de vêtements cérémoniels dont des soutanes noires avec capuchon

-   L'utilisation de costumes et de déguisements

-   La simulation d'un cercueil

- La simulation de forces mystiques ou surnaturelles
- La simulation de meurtres
- La simulation d'opération chirurgicale

L'une des participantes mentionne qu'une des femmes qu'elle accompagne lui a confié avoir subi une opération dans le cadre des abus. Cette participante qualifie ce genre d'abus physique comme étant de l'abus de type médical. Ce résultat correspond à ce que Sullivan pour le Los Angeles County Commission for Women Ritual Abuse Task Force (1989/2005) nomme « *magic surgery* ». La présence de sang semble démontrer à la victime qu'elle aurait subi une opération. Il s'agit toutefois d'une méthode utilisée pour la programmation. Cette technique tend essentiellement à faire taire les victimes en les terrorisant et en programmant l'idée qu'ils sont en mesure de le savoir si elles osent parler des abus. Les agresseurs feront croire aux victimes qu'ils leur ont inséré quelque chose dans le corps : une bombe qui s'actionnera si elles parlent des abus, ou le diable, ou le cœur de Satan qui les attaquera si elles le font.

Tel que soulevé au cours de cette recherche, différentes techniques sont utilisées pour altérer l'état mental et physique des victimes lors des abus. Voici les propos d'une des participantes à cet effet :

Leur état mental a été altéré soit par l'utilisation de drogues ou en les amenant dans un état de transe soit en jouant de la musique à un volume extrêmement fort, avec des chandelles, des herbes, en abusant l'enfant au point où il n'a plus de force et est complètement épuisé. Par la suite, ils utiliseront des costumes, l'éclairage, de la fumée pour confondre davantage la personne. Est-ce que je vois vraiment une femme se faire tuer ? Elles ne savent plus ce qui est vrai. Tout a été altéré. Elles ne savent plus ce qui est vrai dans le monde parce qu'elles vont parfois expérimenter ou être témoins de choses qui ne font pas partie de la réalité. C'est la modification de leur état mental qui les amène à croire que ce qui se produit est réel.

Ces résultats démontrent que différentes techniques sont utilisées afin de créer de la confusion entourant la réalité des abus subis.

Tel que soulevé par Rudikoff (1996), il faut souligner que la reconnaissance de l'utilisation de simulations et de mises en scène ne doit en aucun cas minimiser la nature des abus subis par les victimes d'abus rituel. Rappelons que ces abus sont commis contre de jeunes enfants et que les traumatismes qui en découlent sont les mêmes qu'il s'agisse de mises en scène ou non.

Il est à noter que l'une des participantes présente une analyse plus détaillée des raisons pour lesquelles les victimes sont ainsi abusées en bas âge et de façon continue. Selon son analyse, les méthodes d'abus utilisées sont en lien avec les stades de développement de l'enfance. Ce qu'elle dit à cet effet semble toutefois corroborer les informations partagées par d'autres participantes. Elle parle des différents stades associés à l'entraînement des enfants :

« L'accent avant l'âge de cinq ans, est d'amener l'enfant à être complètement déstabilisée, incapable de fonctionner avec l'abus et croire que c'est de sa faute. Simultanément, c'est de l'amener à être capable de dissocier, de « switcher » ; avoir une autre partie d'elle-même qu'elle présente en public ct qui paraît complètement normale. Ils feront cette séparation continuellement afin de manipuler l'enfant à être ce que le culte veut qu'elle soit pour répondre à leurs besoins. »

Selon cette participante, l'entraînement devient plus spécifique après l'âge de cinq ans ; il est plus centré sur le fait d'abuser les autres et de jouer le rôle particulier prévu par le groupe. Les agresseurs forcent les enfants à s'abuser entre eux ; ainsi, ils leur font croire qu'ils ont eux-mêmes fait du mal. L'enfant est entraînée de façon très spécifique à croire qu'elle est responsable de tout ce qui se passe autour d'elle afin qu'elle ne dévoile jamais rien à personne. Un enfant est plus en mesure de dire si quelqu'un d'autre a fait quelque chose de mal que d'avouer qu'elle a elle-même mal agi. Cette participante dit que durant cette période, l'enfant doit maintenir sa capacité d'atteindre un état de dissociation afin de cacher ce qui se produit à la maison ou lors des abus perpétrés en groupe.

D'ailleurs, presque la totalité des participantes (7/8) disent que le fait de forcer les victimes à être témoins ou à participer à des choses horribles, dont des abus, est une des méthodes utilisées en abus rituel. Elles décrivent plusieurs exemples à cet effet provenant des témoignages des survivantes d'abus rituel. Celles-ci leur ont dit avoir été forcées à regarder d'autres enfants ou d'autres femmes être physiquement et sexuellement abusées. Les survivantes d'abus rituel ont été forcées à être témoin de choses horrifiques : des meurtres de bébés ou de personnes qui ont essayé de résister ou de parler des abus, de viols, de tortures et de la naissance de bébés pour être utilisés par les agresseurs ; ceci se passait parfois lors de cérémonies.

Annexe N°5

Affaire Karen Mulder

On a essayé de faire de moi une prostituée ; c'était tellement facile, je ne me souvenais de rien, j'oubliais tout… J'étais un jouet que tout le monde voulait avoir.

En octobre 2001, la célèbre mannequin néerlandaise Karen Mulder a fait des révélations fracassantes lors de l'enregistrement d'une émission de télévision. Elle dénonçait sa présumée exploitation sexuelle par sa famille, son entourage et certaines hautes personnalités. Elle a déclaré avoir été violée par son père dès l'âge de deux ans, disant s'en être rendu compte quelques mois auparavant, ses souvenirs ayant refait surface sous forme de flashbacks. Elle a également révélé qu'elle était régulièrement violée par ses employeurs (une célèbre agence de mannequins), par des personnes de son entourage et par des membres du Gotha (familles royales). Elle dira que l'oubli de ses sévices était dû à de l'hypnose ou à ce qu'elle pensait être de l'hypnose…

Peu de temps après ces révélations lors de l'enregistrement d'une émission de télévision avec Thierry Ardisson, elle a donné une interview au magazine *VSD,* un dossier intitulé « *Le cri de détresse d'un grand top model* » paru en janvier 2002 dans le *VSD* N°1271. Le magazine révèle que Karen Mulder a été reçue par le patron de la brigade de répression du proxénétisme et qu'elle lui a relaté des dîners organisés entre jeunes tops models et *vieux messieurs fortunés.* L'interview donne plusieurs indices pouvant laisser penser qu'elle a subi du contrôle mental basé sur les traumatismes. Voici quelques extraits de cette interview :

Une personne de mon entourage familial (elle cite un nom) a abusé de moi sexuellement, j'avais deux ans. C'est un psychopathe. Il m'avait placé sous hypnose. Depuis, toute personne ayant de l'autorité et connaissant mon secret peut me manipuler. **Tant que je n'avais pas évacué la terreur de mon** *enfance, n'importe qui, en me faisant peur, pouvait avoir une emprise sur moi* (...) **On a essayé de faire de moi une prostituée : c'était tellement facile, je ne me souvenais de rien, j'oubliais tout** (...) **J'étais un jouet que tout le monde voulait avoir. Tous ont profité de moi** (...) **Je n'avais pas de volonté à moi, donc on m'organisait ma vie : tout, tout, tout** (...) **On m'a fait des trucs hypnotiques** (...) *Oui, c'est énorme. Il y a tout un complot autour de moi, depuis longtemps, ça concerne des gens dans le gouvernement, dans la police.*

Tout dans ma vie a été organisé ! Tout, tout, tout ! Je n'avais pas de volonté à moi (...) *Pendant les 'Restos du Coeur', un artiste m'a dit : « Un proche t'a abusé, ils sont en train de s'organiser pour que tu te fasses violer encore et pour que tu ne saches rien. » Une chanteuse célèbre m'a dit : « Un de tes proches (elle cite un nom) m'a dit qu'on t'a violée, peux-tu l'oublier ? Regarde-moi, tu vas l'oublier ! » Et elle a rigolé. Et ça a marché : j'ai oublié* (...) *Je suis vraiment entrée dans la souffrance, c'est là que j'ai eu les premiers flashs. D'abord d'un proche qui me violait. Je me suis dit : voilà, j'ai trouvé pourquoi j'étais si mal* (...) **En fait, tous les gens que ma famille fréquentait sont des pédophiles. C'est un cercle vicieux, et aujourd'hui je le casse !** (...) *J'étais un atout. Mon image, ma gentillesse, ma bonté, servaient à ceux qui voulaient cacher les choses. Et là, on a affaire à des gens très, très, très mauvais... Ceux qui ont voulu parler sont morts aujourd'hui* (...) *C'est une de mes proches à New-York, qui m'a fait violer par le président d'une grande société. Un jour, elle m'appelle et me dit : « Tu te rappelles de ce qu'on te faisait quand tu étais toute petite ? » Je dis : « Ah oui, ah oui ! » » - « Eh bien X va venir te voir, il va faire l'amour avec toi et tu auras le plus grand contrat qui existe. » Je ne voulais pas, mais j'étais comme une poupée sans volonté* (...) *Je veux la justice, c'est tout ! La pédophilie est toujours un tel tabou. C'est des filles comme ça qui veulent être mannequin. Donc c'est facile pour les voyous d'avoir ensuite du pouvoir sur elles.*

Cette femme est-elle sous contrôle mental ? Est-elle un « mannequin présidentiel » (une esclave sexuelle programmée depuis l'enfance, réservée aux hautes sphères sociétales) *?* Ce qu'elle décrit comme des trous de mémoire suite aux viols, « *Je ne me souvenais de rien* », pourrait correspondre à **un sévère trouble dissociatif avec des murs amnésiques.** Le fait qu'elle a déclaré au magazine *VSD* avoir été violée sous hypnose *dès l'âge de deux ans,* que sa famille *ne fréquentait que des pédophiles,* qu'il s'agit d'un *cercle vicieux qu'elle veut casser,* et que son exploitation sexuelle semble s'être poursuivie tout au long de sa vie, laisse fortement penser qu'elle aurait pu subir le triste parcours d'une esclave sexuelle sous contrôle mental, prisonnière d'un réseau exploitant ses troubles dissociatifs. Lors de l'enregistrement de l'émission de télévision en novembre 2001, elle a également cité plusieurs noms liés à l'industrie du divertissement, disant que ces gens-là étaient soit au courant, soit eux-mêmes violeurs ou victimes. Elle cita le nom d'une autre star française bien connue en disant qu'elle aussi subissait ce genre de traitements.

► folle ! Et je sais que la vérité sortira. C'est fascinant ce que j'ai vu, personne ne le verra jamais dans sa vie. Les horreurs, les manipulations... Avant j'ai souvent été mal à l'aise, je culpabilisais. J'étais très très mal dans ma peau. Pour la première fois de ma vie, je suis vraiment fière de moi. Je suis un être humain, quelqu'un de bien.

Je n'ai rien sur la conscience et ceux qui ont quelque chose sur la conscience, ils vont payer.

J'étais un atout. Mon image, ma gentillesse, ma bonté, servaient à ceux qui voulaient cacher les choses. Et là, on a affaire à des gens très, très, très mauvais... Ceux qui ont voulu parler sont morts aujourd'hui.

Pendant des années, vous avez fait un métier très dur. Des rumeurs assez terribles courent toujours sur le monde du mannequinat qui a été longtemps le vôtre.

K. M. J'ai même été porte-parole d'Elite, souvent. Je disais que les parents pouvaient tranquillement laisser leurs enfants dans ce milieu. Aujourd'hui, je voudrais rectifier ! Ne faites jamais confiance à quiconque. Ceux qui vous sou-

AVEC ALBERT DE MONACO. Karen Mulder au bras du prince, en mai 2000 à l'occasion d'un dîner au profit d'une cause caritative. Résidente monégasque, Karen était de toutes les festivités de la Principauté.

"J'étais un jouet que tout le monde voulait avoir. Tous ont profité de moi"

Malgré un dépôt de plainte et l'ouverture d'une information judiciaire, sa famille la fera rapidement interner en hôpital psychiatrique peu de temps après ses révélations... Elle n'en sortira que trois mois plus tard. Une mise à jour de la programmation mentale s'imposait elle alors ? En effet, passé un certain âge les murs amnésiques ont tendance à se dissoudre d'où la remontée de certaines mémoires sous forme de flashbacks.

Sa famille a tenté de faire passer l'*incident* pour une crise délirante paranoïaque sauf que personne n'a pu prouver qu'il s'agissait véritablement d'un coup de folie et que ce qu'elle avait dit était faux.

Certains voudraient la faire passer pour folle. Mais la justice, saisie de l'affaire, enquête.

Le 31 octobre, Thierry Ardisson reçoit Karen Mulder à « Tout le monde en parle ». L'ex-top model, qui faisait partie de l'agence Elite, doit lui faire des révélations sulfureuses sur le monde des mannequins. Et quelles révélations ! Sur le plateau, elle cite le nom d'une haute personnalité monégasque qui l'a, dit-elle, violée. Elle affirme ensuite que des hommes politiques et des P-DG de grosses entreprises se font

SOUS LES PROJECTEURS. Le 9 décembre 1996, Karen reçoit chez elle une équipe de télévision. Aujourd'hui, les micros ne se tendent plus vers elle.

Quelque temps après son hospitalisation forcée, le top-model a donné une interview à Benjamin Castaldi dans l'émission de la chaîne M6 « *C'est leur destin* » en septembre 2002. Une interview dans laquelle plane encore le doute qu'elle a réellement tenté de divulguer sa condition d'esclave sous contrôle mental, sans même savoir elle-même exactement dans quoi elle était embourbée. En voici quelques extraits :

Benjamin Castaldi : *Si vous deviez résumer en quelques mots votre destin, vous diriez quoi ?*

Karen Mulder : *D'un côté c'est un conte de fées, et d'un autre côté c'est un film d'horreur, un vrai cauchemar. Et quand tout est remonté, il y a des gens qui ont essayé de m'empêcher de parler. On m'a mis dans une clinique pour m'empêcher de parler. J'en suis sortie avec l'aide d'un avocat, c'était tout un truc... Oh là, c'était assez compliqué ! (...) L'avocate m'a*

directement téléphoné dans ma chambre. Elle m'a dit :
« Écoutez, vous n'avez pas du tout l'air d'une folle ! Je viens
vous chercher dans les deux heures qui viennent ». J'ai fait mes
bagages et je suis sortie comme ça. (...) Une fois que j'ai atteint
mon objectif dans le mannequinat, tout allait bien en apparence
mais au fond de moi je sentais que quelque chose n'allait pas.
Alors j'ai suivi une psychanalyse pendant cinq ans, il y a des
choses qui me sont revenues, qui étaient tellement graves que je
devenais en quelque sorte paranoïaque (...) moi j'ai essayé de
parler, mais on n'a pas voulu me croire. Il y a eu une certaine
partie qui était de la paranoïa, parce qu'il est vrai que quand des
choses sont aussi énormes, après ça dégénère un petit peu. Il y a
un petit peu de délire. Mais plus le temps avance, plus je me
rends compte qu'en fait, pas du tout (...) Vous avez vu le film
« True Romance » ? C'est un peu ça ma vie. Tout a été organisé.
Tout était manipulé. J'étais quelqu'un qui ne voyait rien...

Suite à une interview sur l'affaire Didier Schuller, l'actrice et
chanteuse Marie Laforêt a déclaré : « Je ne sais pas ce qu'est
devenue Karen Mulder, c'est la même histoire, elle parlait des
mêmes personnes, sauf qu'on l'a coupé carrément elle... Alors
on lui a fait faire un petit disque pour la tamponner depuis. Donc
elle sait que si jamais elle dit quoi que ce soit de ce qu'elle avait
envie de dire à ce moment-là, elle aura un sort encore plus
misérable que celui qu'elle a en ce moment. Donc elle a tout
intérêt à s'écraser... Voilà c'est tout... Mais elle a fait une
tentative ! Elle a fait une tentative et elle en a payé ce qu'elle en
a payé. On l'a amusé en lui faisant faire un disque, une promo...
Mais alors tout le monde est dans la combine ? Vous répondrez
par vous-même... Évidemment ! »

Notons ici que le 16 janvier 1998, Marie Laforêt a témoigné au
JT de 20 Heures de France 2 à propos d'une **amnésie
traumatique**. À l'âge de 3 ans elle a été violée à plusieurs
reprises par « un voisin », cette mémoire a été refoulée pendant
des années pour ressurgir vers la quarantaine :

**« J'ai revécu très exactement ce qui c'était passé, le nom du
monsieur, son costume, sa manière de faire, tout... Tout cela**

est revenu en même temps. Il m'a été impossible d'en parler pendant trois jours et trois nuits de crises de larmes... J'ai reçu cela en pleine figure, vous ne pouvez en aucun cas le confondre avec autre chose, ni avec une prémonition, ni avec une histoire de confusion mentale... Il ne s'agit pas de confusion mentale, au contraire, vous êtes d'une excessive précision. »

Annexe N°6

Festen

Lorsque le cinéma joue son rôle pour révéler l'envers du décors…

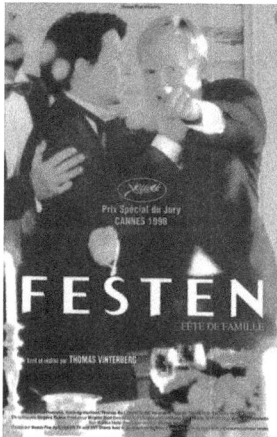

En 1998, le réalisateur danois Thomas Vinterberg gratifiait le Festival de Cannes de son film **Festen** (sous-titré « *Fête de Famille* »), qui reçut alors le Prix du Jury. Voici le synopsis du long-métrage :

Helge fête ses 60 ans. À cette occasion, il invite toute sa famille dans une grande maison. Au cours du dîner, le fils aîné, Christian, est invité à dire quelques mots : certaines vérités difficiles à entendre sont révélées...

Dans cette production, Thomas Vinterberg traite du « secret de famille », ici en l'occurrence l'inceste paternel au sein d'une riche famille de la haute société. Christian, le fils aîné de la fratrie, a été violé par son père à maintes reprises dans son enfance. Sa sœur Linda, également victime, n'aura pas survécu aux traumatismes de l'inceste… elle s'est suicidée.

Thomas Vinterberg a pris soin d'incorporer plusieurs choses à son scénario laissant penser qu'il est lui-même au fait du fonctionnement occulte de certains milieux élitistes.

Premier point important à noter est que le personnage Helge, le père incestueux, est un initié franc-maçon. Une scène nous montre les *Frères* se réunissant dans une pièce à part avant le festin d'anniversaire. Helge propose alors à son fils Michael de l'introniser dans sa Loge Maçonnique. Deuxième point important est la référence indirecte que fait Vinterberg au trouble dissociatif de l'identité. En effet, le survivant Christian est présenté comme ayant un « ami imaginaire », un compagnon intérieur qui le suit partout et qui porte le nom de « *Snoot* ». Cela pouvant signifier que la personnalité du fils s'est fractionnée afin de pouvoir survivre aux multiples assauts sexuels de son géniteur.

Le scandale éclate lorsque Christian, ou Snoot… prennent la parole lors du festin : « *Il s'avérait que c'était beaucoup plus dangereux quand papa prenait son bain… Je ne sais pas si vous vous rappelez, mais papa voulait toujours prendre des bains… Pour cela, il nous emmenait, Linda et moi, d'abord dans son bureau. Curieusement il avait quelque chose d'urgent à régler, sans attendre... Alors il verrouillait la porte, il descendait les persiennes, il allumait les lumières pour faire joli et puis il enlevait sa chemise et son pantalon... et on devait en faire autant. Après il nous faisait allonger sur la banquette et il nous violait. Il abusait de nous, il avait des rapports sexuels avec ses chers petits... Il y a quelques mois, à la mort de ma sœur, j'ai réalisé que Helge est un homme très propre, avec tous ces bains qu'il prenait. J'ai pensé que ce serait bien que je le partage avec ma famille... Cela s'est produit en hiver, en été, en automne, au printemps, le matin, le soir... et je me suis dit, il faut qu'ils sachent ça de mon père : Helge est quelqu'un de propre... et nous sommes tous réunis ici ce soir pour fêter les 60 ans de Helge ! Quel veinard ! Je bois à l'homme qui a tué ma sœur ! Je bois au meurtrier !* »

Suite à ces révélations fracassantes, la mère de Christian, préférant soutenir son mari, prend la parole pour diffamer et ridiculiser son fils devant l'assemblée d'invités. C'est là que nous apprenons l'existence de « Snoot », la personnalité alter de Christian :

« *Tu as toujours été un peu spécial... je dirais créatif comme personne ! C'est étonnant les histoires qu'il racontait étant petit. Je me disais souvent en t'écoutant parler que tu avais tout pour devenir plus tard un écrivain de talent, je t'assure Christian.*

*Quand Christian était petit, il y en a ici qui peut être ne le savent pas, **il avait un fidèle compagnon qui ne le quittait jamais. C'était Snoot.** Seulement voilà, il n'existait pas ! Pourtant Snoot et Christian étaient toujours ensemble et toujours d'accord sur tout ! S'il y avait quelque chose que Snoot n'aimait pas, alors Christian ne l'aimait pas non plus. Et si ce quelque chose, par malheur, était vous, et bien tant pis pour vous ! Il n'y avait rien à faire. Mais, cher Christian, il est très important de savoir distinguer fiction et réalité. Je crois que cela a toujours été un problème pour toi. Je comprends que tu puisses parfois te fâcher avec papa, mais ce sont des choses que vous devez régler entre vous. Raconter des histoires comme tu l'as fait ce soir, même si le récit est captivant, c'est peut-être quand même aller un peu trop loin... **Tu sais Christian, je pense que Snoot était tout près de toi aujourd'hui, et je pense que vous avez fait de la peine à ton père. Alors il me semble qu'il serait bien venu que tu te lèves maintenant, en laissant Snoot à sa place, et que tu présentes des excuses à ton père.** »*

Ce à quoi la personnalité alter Snoot, dont les mémoires traumatiques sont intactes et précises, repart de plus belle dans la divulgation de son malheur :

« *Navré de vous déranger encore. En 74 tu es entrée dans le bureau sans frapper, ma chère maman, et tu as vu ton fils à quatre pattes et ton mari le pantalon sur les pieds... Je m'excuse ! Je m'excuse que tu aies vu ton fils comme ça... Je m'excuse aussi que ton mari t'ait dit de dégager et que tu sois sortie sans hésiter. Je m'excuse que tu sois tellement hypocrite et tellement fausse, que j'espère que tu en mourras !* »

Thomas Vinterberg, qui maîtrise visiblement bien le sujet, a intégré dans son scénario l'aspect « inversion accusatoire » visant à réduire à néant la parole de la victime. Tout d'abord avec la mère qui tente de couvrir son mari en mettant en avant la psychologique désordonnée de son fils pour décrédibiliser sa parole. Une scène nous montre ensuite le père en train de rappeler vicieusement à Christian son parcours de vie chaotique, en lui dressant un portrait psychologique typique d'une victime multi-traumatisée depuis la plus tendre enfance :

« *Je pourrais me lever à mon tour pour leur dire quelques mots... quelques mots sur toi ! Sur toi quand tu étais enfant, un gosse maladif qui ne supportait pas de voir des enfants rire et être heureux ! Qui leur gâchait tout, exprès ! Qui leur volait leurs jouets et les brûlait devant eux en se moquant ! Sur l'esprit malsain et détraqué que déjà tu avais ! Je pourrais leur raconter comment papa et maman ont dû aller en France pour t'aider à sortir de cette espèce de clinique où tu croupissais déjà depuis des mois, littéralement bourré de médicaments ! Totalement abruti au grand désespoir de ta mère ! Je pourrais aussi leur parler de ton manque de talent avec les filles et de toutes les beautés qui te sont passées sous le nez, parce que l'homme en toi s'est toujours fait infiniment rare Christian. Je pourrais aussi leur dire des choses passionnantes sur toi et ta sœur... Est-ce qu'elle t'a dit au revoir à toi Christian ? Hein ? Non, rien... Tu as abandonné ta sœur malade, tu étais absent ! Il n'y a que toi et ton cerveau détraqué qui comptaient ! Et maintenant tu te permets de venir traîner dans la boue toute une famille qui n'a jamais voulu que ton bien-être !* »

Enfin, il est à noter que Helge, le père franc-maçon incestueux, semble lui-même totalement dissocié et amnésique quant aux actes pédocriminels dénoncés par son fils Christian. Suite au repas mouvementé, les deux hommes se retrouvent seul à seul dans une scène plus apaisée :

« *Je ne comprends plus rien, ma mémoire doit avoir une défaillance, je commence à prendre de l'âge. Ces choses tout à l'heure dont tu as parlé, je ne m'en souviens pas du tout, il faut que tu m'aides Christian... Dis-moi ce qu'il s'est passé...* »

Le scénario ne nous dit pas si le père feint d'ignorer les actes incestueux ou s'il est lui-même une victime souffrant d'amnésies dissociatives et reproduisant le cercle vicieux sur sa descendance...

Dr Jekyll & Mr Hyde ?

Déjà parus

OMNIA VERITAS

Omnia Veritas Ltd présente :

VLADIMIR POUTINE & L'EURASIE

de JEAN PARVULESCO

L'avènement providentiel de l' "homme prédestiné", du "concept absolu," Vladimir Poutine, incarnant la "Nouvelle Russie"

Vladimir Poutine & l'Eurasie

Un livre singulièrement dangereux, à ne surtout pas mettre entre toutes les mains

OMNIA VERITAS

OMNIA VERITAS LTD PRÉSENTE :

JUGEMENT FINAL

Le chaînon manquant de l'assassinat de JFK

de Michael Collins Piper

Volume I & II

OMNIA VERITAS

Omnia Veritas Ltd présente :

L'EMPRISE DU MONDIALISME

I CRISE ÉCONOMIQUE MAJEURE
ORIGINE - ABOUTISSEMENT

II INITIATION &
SOCIÉTÉS SECRÈTES

III LE SECRET DES HAUTES
TECHNOLOGIES

IV HÉRÉSIE MÉDICALE &
ÉRADICATION DE MASSE

V L'EMPOISONNEMENT GLOBAL

I   II   III   IV   V

Le mondialisme décrypté après sept années d'investigation

OMNIA VERITAS
OMNIA VERITAS LTD PRÉSENTE :
JULIUS EVOLA
LE MYTHE DU SANG
&
SYNTHÈSE DE DOCTRINE
DE LA RACE
«La conscience de la valeur de la race se révèle dans un ensemble de normes que l'on peut retrouver dans les anciennes civilisations.»
Les forces mystiques qui étaient à l'origine des forces du sang et de la gens

OMNIA VERITAS
OMNIA VERITAS LTD PRÉSENTE :
JULIUS EVOLA
MÉTAPHYSIQUE DE LA GUERRE
& LA DOCTRINE ARYENNE
DU COMBAT ET DE LA VICTOIRE
«La guerre, en posant et faisant réaliser la relativité de la vie humaine, a toujours une valeur anti-matérialiste et spirituelle. »
Une connaissance transfigurante de la vie en fonction de la mort

OMNIA VERITAS
OMNIA VERITAS LTD PRÉSENTE :
JULIUS EVOLA
RÉVOLTE CONTRE LE
MONDE MODERNE
«Partout, dans le monde de la Tradition, cette connaissance a toujours été présente comme un axe inébranlable autour duquel tout le reste était hiérarchiquement organisé.»
Il y a un ordre physique et il y a un ordre métaphysique

www.ingramcontent.com/pod-product-compliance
Lightning Source LLC
Chambersburg PA
CBHW070809270326
41927CB00010B/2365